사경 및 공부시리즈(7)

금강경(상)

無一 우학 스님 편저

도서출판 좋은인연
한국불교대학 교재편찬회

불교한자 공부를 내면서

이 책이 한참 만들어 질 때쯤 저는 선방에서 정진중이었습니다.

가만히 앉아 있어도 땀이 줄줄 흐르는 뜨거운 여름날에 〈좋은인연〉의 가족들이 편집된 원고를 가지고 찾아왔습니다. 대충 훑어보니 짜임새있게 아주 잘 되었습니다. 일반인들이 불교를 이해하는 데도 도움이 될 뿐 아니라, 수행과목으로도 좋은 인연이 될 것으로 믿습니다.

이 교재는 우리 불자들이 주로 독송하는 경전을 다루었습니다. 즉 예불, 반야심경, 천수경, 화엄경 약찬게, 법성게, 아미타경, 금강경, 불교 천자 등 16종의 경전 및 선문어록을 체계적으로 정리하였습니다. 이 책을 통해서 폭넓은 불교한자의 이해를 바라며 알고 믿는 참불자 되기를 기대합니다.

자료수집에 힘써 준 한국불교대학 전 학생에게 감사드리며, 특히 무착 권화송 법사님, 원산 임영하 법사님, 각명 이춘희 법사님, 승연심 보살님, 보현성 보살님, 자연화 보살님, 보리심 보살님, 상정진 보살님, 선유보 보살님, 이은경 보살님, 혜림지 보살님과 〈좋은인연〉의 가족에게 감사드립니다. 그리고 이 책을 인연한 모든 분들께 부처님의 가피가 함께 하기를 발원합니다.

대한불교조계종 한국불교대학 大관음사
(부속 한국불교대학 유튜브불교대학)

無一 우학 합장

금강반야바라밀경(金剛般若波羅蜜經)

금강 같은 견고한 지혜, 금강 같은 보석의 아름다운 지혜로 부처님 세계에 나아가는 진리의 길을 밝히신 부처님 말씀으로, 석가모니 부처님께서 사위국에서 수보리 등에게 공(空)의 원리와 그 실천을 가르치신 경전이다.
〈금강경〉, 〈금강반야경〉이라고도 부르며 모든 종파를 초월하여 읽혀지고 신봉되는 주요 경전이며, 조계종 등의 소의경전(所依經典)이기도 하다.

無一 우학 스님 作 '적멸도'

금강경 독송 제1~12분	7
법회인유분 제일	13
선현기청분 제이	22
대승정종분 제삼	37
묘행무주분 제사	49
여리실견분 제오	63
정신희유분 제육	70
무득무설분 제칠	95
의법출생분 제팔	105
일상무상분 제구	118
장엄정토분 제십	149
무위복승분 제십일	165
존중정교분 제십이	180

사 경 발 원 문

사경제자 _____ 합장

사경시작 _____

金剛般若波羅蜜經
금강반야바라밀경

法會因由分 第一
법회인유분 제일

如是我聞하오니 一時에 佛이 在舍衛國祇樹給孤獨園하사 與大比丘衆千
여시아문   일시 불   재사위국기수급고독원   여대비구중천

二百五十人으로 俱러시니 爾時에 世尊이 食時라 着衣持鉢하시고 入舍衛大
이백오십인   구   이시   세존   식시   착의지발   입사위대

城하사 乞食하실새 於其城中에 次第乞已하시고 還至本處하사 飯食訖하시고
성   걸식   어기성중   차제걸이   환지본처   반사흘

收衣鉢하시고 洗足已하시고 敷座而坐하시다.
수의발   세족이   부좌이좌

善現起請分 第二
선현기청분 제이

時에 長老須菩提가 在大衆中이라가 卽從座起하야 偏袒右肩하야 右膝着地
시   장로수보리   재대중중   즉종좌기   편단우견   우슬착지

하고 合掌恭敬하야 而白佛言하되 希有世尊이시여 如來善護念諸菩薩하시며
     합장공경   이백불언   희유세존   여래선호념제보살

善付囑諸菩薩이시니이까. 世尊이시여 善男子善女人이 發阿耨多羅三藐三
선부촉제보살   세존   선남자선여인   발아뇩다라삼먁삼

菩提心한이는 應云何住며 云何降伏其心이니까 佛言하사되 善哉善哉라
보리심   응운하주   운하항복기심   불언   선재선재

須菩提야 如汝所說하야 如來가 善護念諸菩薩하며 善付囑諸菩薩하나니
수보리   여여소설   여래   선호념제보살   선부촉제보살

汝今諦聽하라 當爲汝說하리라 善男子善女人이 發阿耨多羅三藐三菩提
여금제청   당위여설   선남자선여인   발아뇩다라삼먁삼보리

心한이는 應如是住며 如是降伏其心이니라 唯然世尊이시여 願樂欲聞이니이다.
심   응여시주   여시항복기심   유연세존   원요욕문

大乘正宗分 第三
대승정종분 제삼

佛이 告須菩提하사되 諸菩薩摩訶薩은 應如是降伏其心이니 所有一切衆
불 고 수보리   제보살마하살   응여시항복기심   소유일체중

生之類 若卵生 若胎生 若濕生 若化生 若有色 若無色 若有想 若無
생지류 약난생 약태생 약습생 약화생 약유색 약무색 약유상 약무

想 若非有想 非無想을 我皆令入無餘涅槃하야 而滅度之하리니 如是滅
상 약비유상 비무상   아개영입무여열반   이멸도지   여시멸

度無量無數無邊衆生하되 實無衆生이 得滅度者니 何以故오 須菩提야
도무량무수무변중생   실무중생   득멸도자   하이고   수보리

若菩薩이 有我相 人相 衆生相 壽者相하면 卽非菩薩일새니라
약보살   유아상 인상 중생상 수자상   즉비보살

妙行無住分 第四
묘행무주분 제사

復次須菩提야 菩薩은 於法에 應無所住하야 行於布施니 所謂不住色하고
부차수보리   보살   어법   응무소주   행어보시   소위부주색

布施하며 不住聲香味觸法하고 布施니라 須菩提야 菩薩은 應如是布施하고
보시   부주성향미촉법   보시   수보리   보살   응여시보시

不住於相이니 何以故오 若菩薩이 不住相布施하면 其福德이 不可思
부주어상   하이고   약보살   부주상보시   기복덕   불가사

量일새니라 須菩提야 於意云何오 東方虛空을 可思量不아 不也니이다 世
량   수보리   어의운하   동방허공   가사량부   불야   세

尊이시여 須菩提야 南西北方四維上下虛空을 可思量不아 不也니이다 世
존   수보리   남서북방사유상하허공   가사량부   불야   세

尊이시여 須菩提야 菩薩의 無住相布施福德도 亦復如是하야 不可思量이니라
존   수보리   보살   무주상보시복덕   역부여시   불가사량

須菩提야 菩薩은 但應如所敎住니라
수보리   보살   단응여소교주

如理實見分 第五
여리실견분 제오

須菩提야 於意云何오 可以身相으로 見如來不아 不也니이다 世尊이시여 不
수보리   어의운하   가이신상   견여래부   불야   세존   불

可以身相으로 得見如來니 何以故오 如來所說身相은 卽非身相일새니이다.
가이신상   득견여래   하이고   여래소설신상   즉비신상

佛이 告須菩提하사되 凡所有相이 皆是虛妄이니 若見諸相非相이면 卽見如來니라
불 고수보리 범소유상 개시허망 약견제상비상 즉견여래

正信希有分 第六
정신희유분 제육

須菩提야 白佛言하되 世尊이시여 頗有衆生이 得聞如是言說章句하고 生實
수보리 백불언 세존 파유중생 득문여시언설장구 생실

信不이까 佛이 告須菩提하사되 莫作是說하라 如來滅後 後五百歲에 有持
신부 불 고수보리 막작시설 여래멸후 후오백세 유지

戒修福者하야 於此章句에 能生信心하야 以此爲實하리니 當知是人은 不於
계수복자 어차장구 능생신심 이차위실 당지시인 불어

一佛二佛三四五佛에 而種善根이라 已於無量千萬佛所에 種諸善根하야
일불이불삼사오불 이종선근 이어무량천만불소 종제선근

聞是章句하고 乃至一念이라도 生淨信者니라 須菩提야 如來는 悉知悉見이니
문시장구 내지일념 생정신자 수보리 여래 실지실견

是諸衆生이 得如是無量福德이니라 何以故오 是諸衆生이 無復我相 人
시제중생 득여시무량복덕 하이고 시제중생 무부아상 인

相 衆生相 壽者相하며 無法相하며 亦無非法相이니 何以故오 是諸衆生이
상 중생상 수자상 무법상 역무비법상 하이고 시제중생

若心取相하며 卽爲着我人衆生壽者니 若取法相이라도 卽着我人衆生壽
약심취상 즉위착아인중생수자 약취법상 즉착아인중생수

者며 何以故오 若取非法相이라도 卽着我人衆生壽者일새니라. 是故로 不
자 하이고 약취비법상 즉착아인중생수자 시고 불

應取法이며 不應取非法이니라 以是義故로 如來常說하사되 汝等比丘는 知
응취법 불응취비법 이시의고 여래상설 여등비구 지

我說法을 如筏喩者라하나니 法尙應捨어든 何況非法가
아설법 여벌유자 법상응사 하황비법

無得無說分 第七
무득무설분 제칠

須菩提야 於意云何오 如來得阿耨多羅三藐三菩提耶아 如來有所說法
수보리 어의운하 여래득아뇩다라삼먁삼보리야 여래유소설법

耶아 須菩提言하되 如我解佛所說義컨대 無有定法을 名阿耨多羅三藐三
야   수보리언   여아해불소설의   무유정법   명아뇩다라삼먁삼

菩提며 亦無有定法을 如來可說이니 何以故오 如來所說法은 皆不可取며
보리   역무유정법   여래가설   하이고   여래소설법   개불가취

不可說이며 非法이며 非非法이니 所以者何오 一切賢聖이 皆以無爲法으로
불가설   비법   비비법   소이자하   일체현성   개이무위법

而有差別일새니이다.
이유차별

依法出生分 第八
의법출생분 제팔

須菩提야 於意云何오 若人이 滿三千大千世界七寶로 以用布施하면 是
수보리   어의운하   약인   만삼천대천세계칠보   이용보시   시

人의 所得福德이 寧爲多不아 須菩提言하되 甚多니이다
인   소득복덕   영위다부   수보리언   심다

世尊이시여 何以故오 是福德이 卽非福德性일새 是故로 如來說 福德多니이다
세존   하이고   시복덕   즉비복덕성   시고   여래설 복덕다

若復有人이 於此經中에 受持乃至四句偈等하야 爲他人說하면 其福이 勝
약부유인   어차경중   수지내지사구게등   위타인설   기복   승

彼하리니 何以故오 須菩提야 一切諸佛과 及諸佛 阿耨多羅三藐三菩提
피   하이고   수보리   일체제불   급제불 아뇩다라삼먁삼보리

法이 皆從此經出일새니이다. 須菩提야 所謂佛法者는 卽非佛法이니라
법   개종차경출   수보리   소위불법자   즉비불법

一相無相分 第九
일상무상분 제구

須菩提야 於意云何오 須陀洹이 能作是念하되 我得須陀洹果不아 須菩
수보리   어의운하   수다원   능작시념   아득수다원과부   수보

提言하되 不也니이다 世尊이시여 何以故오 須陀洹은 名爲入流로되 而無所
리언   불야   세존   하이고   수다원   명위입류   이무소

入하야 不入色聲香味觸法일새 是名須陀洹이니다 須菩提야 於意云何오
입   불입색성향미촉법   시명수다원   수보리   어의운하

斯陀含이 能作是念하되 我得斯陀含果不아 須菩提言하되 不也니이다
사다함   능작시념   아득사다함과부   수보리언   불야

世尊이시여 何以故오 斯陀含은 名一往來로되 而實無往來일새 是名斯陀含이니이다. 須菩提야 於意云何오 阿那含이 能作是念하되 我得阿那含果不아 須菩提言하되 不也니이다 世尊이시여 何以故오 阿那含은 名爲不來로되 而實無不來일새 是故로 名阿那含이니이다. 須菩提야 於意云何오 阿羅漢이 能作是念하되 我得阿羅漢道不아 須菩提言하되 不也니이다 世尊이시여 何以故오 實無有法하야 名阿羅漢이오니 世尊이시여 若阿羅漢이 作是念하되 我得阿羅漢道라하면 卽爲着我人衆生壽者일새니이다. 世尊이시여 佛說我得無諍三昧하야 人中에 最爲第一이라 是第一離欲阿羅漢이라하시오나 世尊이시여 我不作是念하되 我是離欲阿羅漢이니이다. 世尊이시여 我若作是念하되 我得阿羅漢道라하오면 世尊이 卽不說須菩提는 是樂阿蘭那行者라하시련만 以須菩提가 實無所行일새 而名須菩提는 是樂阿蘭那行이니이다

莊嚴淨土分 第十
장엄정토분 제십

佛告須菩提하사되 於意云何오 如來 昔在燃燈佛所하야 於法에 有所得不아 不也니이다 世尊이시여 如來在燃燈佛所하사 於法에 實無所得이시니이다 須菩提야 於意云何오 菩薩이 莊嚴佛土不아 不也니이다 世尊이시여 何以故오 莊嚴佛土者는 卽非莊嚴일새 是名莊嚴이니이다 是故로 須菩提야 諸菩薩摩訶薩이 應如是生淸淨心이니 不應住色生心하며 不應住聲香味觸法生心이니

應無所住하야 而生其心이니라 須菩提야 譬如有人이 身如須彌山王하면 於
응무소주   이생기심이니라 수보리   비여유인   신여수미산왕   어

意云何오 是身이 爲大不아 須菩提言하되 甚大니이다
의운하   시신   위대부   수보리언   심대니이다

世尊이시여 何以故오 佛說非身을 是名大身이니이다.
세존이시여 하이고   불설비신   시명대신이니이다.

無爲福勝分 第十一
무위복승분 제십일

須菩提야 如恒河中所有沙數하야 如是沙等恒河를 於意云何오 是諸恒
수보리   여항하중소유사수   여시사등항하   어의운하   시제항

河沙가 寧爲多不아 須菩提言하되 甚多니이다 世尊이시여 但諸恒河도 尙多
하사   영위다부   수보리언   심다   세존이시여 단제항하   상다

無數어든 何況其沙리이까 須菩提야 我今에 實言으로 告汝하노니 若有善男子
무수   하황기사   수보리   아금   실언   고여   약유선남자

善女人이 以七寶로 滿爾所恒河沙數三千大千世界하야 以用布施하면 得
선여인   이칠보   만이소항하사수삼천대천세계   이용보시   득

福이 多不아 須菩提言하되 甚多니이다 世尊이시여 佛告須菩提하되 若善男
복   다부   수보리언   심다   세존이시여 불고수보리   약선남

子善女人이 於此經中에 乃至受持四句偈等하야 爲他人說하면 而此福
자선여인   어차경중   내지수지사구게등   위타인설   이차복

德이 勝前福德이니라
덕   승전복덕이니라

尊重正敎分 第十二
존중정교분 제십이

復次須菩提야 隨說是經하되 乃至四句偈等하면 當知此處는 一切世間天
부차수보리   수설시경   내지사구게등   당지차처   일체세간천

人阿修羅가 皆應供養을 如佛塔廟어든 何況有人이 盡能受持讀誦이리오
인아수라   개응공양   여불탑묘   하황유인   진능수지독송이리오

須菩提야 當知하라 是人은 成就最上第一希有之法이니 若是經典所在之
수보리   당지   시인   성취최상제일희유지법   약시경전소재지

處는 卽爲有佛과 若尊重弟子니라
처   즉위유불   약존중제자니라

金	剛	般	若	波	羅	蜜	經	法	會
쇠 금	굳셀 강	일반 반	반야 야	바라밀 바	벌릴 라	꿀 밀	경서 경	법 법	모을 회
金 8획	刀 10획	舟 10획	艸 9획	水 8획	罒 19획	虫 14획	糸 13획	水 8획	日 13획
金	剛	般	若	波	羅	蜜	經	法	會
金	剛	般	若	波	羅	蜜	經	法	會
金	剛	般	若	波	羅	蜜	經	法	會

금강(金剛) : 금강석을 말함. 능단금강(能斷金剛)이라고 하여 능히 모든 쇠를 이기는 쇠 중의 쇠요, 세상의 모든 것을 끊을 수 있는 쇠가 금강이라는 뜻. 금강은 굳고 예리하다고 하여 경론 중에 굳고 단단한 것의 비유로 많이 쓴다.

반야(般若) : 범어 prajñā. '슬기', '지혜'를 말함. 법의 실다운 이치에 맞는 최상의 지혜를 뜻하며, 이 반야를 모든 부처님의 스승, 또는 어머니라 일컫는다.

바라밀(波羅蜜) : 범어 pāramitā. '바라밀다(波羅蜜多)'의 준말. '저 언덕에 도달하다'의 뜻. 곧 '부처님 세계에 들다', '완성의 경지를 성취하다' 라는 의미이다.

★若(약, 야) : 같을 약, 땅이름 야   ★波(바, 파) : 물결 파

因	由	分	第	一	如	是	我	聞	一
인할 인	까닭 유	나눌 분	차례 제	한 일	같을 여	이 시	나 아	들을 문	한 일
口 6획	田 5획	刀 4획	竹 11획	一 1획	女 6획	日 9획	戈 7획	耳 14획	一 1획

법회인유분(法會因由分) 제일(第一)
　법회가 이루어진 원인과 이유를 밝히고 있다.

여시아문(如是我聞)
　아난인 제가 다음과 같이 들었습니다.

육성취(六成就): 경전을 기술할 때에 부처님의 유명(遺命)에 따라 경전의 첫머리에 육사(六事)가 갖추어져 부처님의 설법이 성립하는 것을 말함. 즉 여시(如是)는 신(信)의 성취, 아문(我聞)은 문(聞)성취, 일시(一時)는 시(時)성취, 불(佛)은 주(主)성취, 재(在) ㅇㅇㅇ는 처(處)성취, 여대비구중(與大比丘衆) ㅇㅇㅇ구(具)는 중(衆)성취.

時	佛	在	舍	衛	國	祇	樹	給	孤
때 시	부처님 불	있을 재	집 사	지킬 위	나라 국	편안할 기	나무 수	줄 급	외로울 고
日 10획	人 7획	土 6획	舌 8획	行 15획	口 11획	示 9획	木 16획	糸 12획	子 8획

일시(一時) 불(佛) 재사위국기수급고독원(在舍衛國祇樹給孤獨園)
　어느 때에 석가모니 부처님께서 사위국의 기수급고독원에 계실 적에

　불(佛) : 범어로 Buddha. 불타(佛陀)의 준말

　사위국(舍衛國) : 범어로 Sravasti. 고대 인도 중부에 있었던 코살라(Kosala)라는 나라의 수도. 남쪽의 코살라국과 구별하기 위하여 수도의 이름을 국명으로 사용하였는데, 부처님이 계실 때는 파사익왕 등이 불교를 신봉하고 선정을 베풀었다 함.

　기수급고독원(祇樹給孤獨園) : 기타(祇陀) 태자가 시주한 숲과 급고독 장자(長者)가 시주한 절이라 하여 두 사람의 이름을 합하여 부르는 이름. 기원정사(祇園精舍)가 있는 곳.

獨	園	與	大	比	丘	衆	千	二	百
홀로 독	동산 원	더불어 여	큰 대	견줄 비	언덕 구	무리 중	일천 천	두 이	일백 백
犭 16획	囗 13획	臼 14획	大 3획	比 4획	一 5획	血 12획	十 3획	二 2획	白 6획

여대비구중천이백오십인(與大比丘衆千二百五十人) 구(俱)

큰 비구 스님들 천이백오십 분도 함께 계셨습니다.

비구(比丘) : 범어 Bhiksu, 팔리어 Bhiksu의 음역. 남자로서 출가하여 250계를 받은 스님을 말함. 이 비구라는 말에는 걸사(乞士, 법을 나누어 주고 물질적인 것을 받는 이), 포마(怖魔, 마구니를 두렵게 하는 이), 정계(淨戒, 바른 생활을 하는 이) 등의 뜻이 포함되어 있다.

천이백오십인(千二百五十人) : 당시 부처님의 일반 제자, 즉 녹야원에서 처음 입문한 다섯 제자와, 가섭 3형제 등 일천 제자와, 사리불과 목련 등 이백 제자와, 야사와 오십 제자를 합한 수.

五	十	人	俱	爾	時	世	尊	食	時
다섯 오	열 십	사람 인	함께 구	그 이	때 시	인간 세	높을 존	밥 식	때 시
二 4획	十 2획	人 2획	人 10획	爻 14획	日 10획	一 5획	寸 12획	食 9획	日 10획

이시(爾時) 세존(世尊) 식시(食時)
여느 때와 같이 부처님께서는 공양 드실 때가 되어감에 따라

이시(爾時) : 여기에서 '여느 때'란 부처님께서 막 탁발을 하시기 위해 가사를 수하시려고 하는 당시를 뜻함.

세존(世尊) : 부처님의 십호(十號) 중의 하나. 곧 부처님은 온갖 공덕을 갖춰 세상을 이익케 하시며, 세상에서 존중을 받는 분이라는 뜻. 세상에서 가장 존귀한 분이기에 이렇게 이름함.

식시(食時) : 하루에 한 번 드시는 부처님의 공양시간은 사시(巳時:오전 9~11시)이다.

着	衣	持	鉢	入	舍	衛	大	城	乞
입을 착	옷 의	가질 지	바릿대 발	들 입	집 사	호위할 위	큰 대	성 성	빌 걸
目 12획	衣 6획	手 9획	金 13획	入 2획	舌 8획	行 15획	大 3획	土 9획	乙 3획
着	衣	持	鉢	入	舍	衛	大	城	乞
着	衣	持	鉢	入	舍	衛	大	城	乞
着	衣	持	鉢	入	舍	衛	大	城	乞

착의지발(着衣持鉢) 입사위대성(入舍衛大城)

가사를 수하시고 바루를 챙기시어 사위성으로 들어가셨습니다.

의(衣) : 승려가 입는 법의(法衣)인 가사(袈裟)를 뜻함.

발(鉢) : 범어 Pātra. 발다라(鉢多羅)의 준말. 비구가 사용하는 밥그릇. 응량기(應量器)라 하여 수행의 양에 비추어 공양 받을 자격이 있는가를 수시로 질책하는 법구(法具).

★鉢盂(발우) : 바릿대, 바루

食	於	其	城	中	次	第	乞	已	還
밥 식	어조사 어	그 기	성 성	가운데 중	차례 차	차례 제	빌 걸	이미 이	돌아올 환
食 9획	方 8획	八 8획	土 9획	ㅣ 4획	欠 6획	竹 11획	乙 3획	己 3획	辶 17획

걸식(乞食) 어기성중(於其城中) 차제걸이(次第乞已)
  그 성안에서 차례로 탁발하시고는 다시

  차제걸(次第乞) : 부처님께서 차례대로 탁발을 하셨다고 함은 가난한 집이나 부잣집이나 차별 없이 순서대로 일곱 집만 공양을 받으셨다는 뜻. 계율(戒律)에서 일곱 집만 탁발하는 것을 칠가식(七家食)이라 한다.

  ★於(어) : 어조사 어, 살 어, 갈 어 / 탄식할 오
    동작, 행위의 장소, 법위등과 시간을 이끌어 내는 자의(字義)가 있다.

  ★其(기) : 그 기, 그것 기, 어조사 기   ★已(이) : 이미 이, 그칠 이, 마칠 이

至	本	處	飯	食	訖	收	衣	鉢	洗
이를 지	근본 본	곳 처	먹을 반	밥먹을 사	마칠 흘	거둘 수	옷 의	바리때 발	씻을 세
至 6획	木 5획	虍 11획	食 13획	食 9획	言 10획	攵 6획	衣 6획	金 13획	水 9획

환지본처(還至本處) 반사흘(飯食訖) 수의발(收衣鉢)

본 처소로 돌아오셨습니다. 공양을 다 드신 후, 바루를 거두시고 가사를 벗으시었습니다.

의발(衣鉢) : 스님의 사용품인 가사와 바릿대. 후에는 교법(教法)의 대명사가 되어 스승이 제자에게 법을 전하는 것을 '의발을 전한다' 라고 함.

★食(식, 사, 이) : 밥 식 / 먹을 사 / 사람이름 이

足	已	敷	座	而	坐	善	現	起	請
발 족	마칠 이	펼 부	자리 좌	말이을 이	앉을 좌	착할 선	나타날 현	일어날 기	청할 청
足 7획	己 3획	攵 15획	广 10획	而 6획	土 7획	口 12획	王 11획	走 10획	言 15획

세족이(洗足已) 부좌이좌(敷座而坐)

　그리고는 발을 씻으시고, 자리를 펴 앉으셨습니다.

　세족(洗足) : 발을 씻는다는 것은 신업(身業)을 청정하게 한다는 의미이다. 부처님은 법신(法身)이 청정하여 발을 씻고 할 것이 없으나 스스로 모범을 보이시는 것이다.

　★而(이) : 어조사 이, 너 이, 말이을 이, 또 이, 어 이, 같을 이

分	第	二	時	長	老	須	菩	提	在
나눌 분	차례 제	두 이	때 시	길 장	늙을 로	모름지기수	보살 보	보리 리	있을 재
刀 4획	竹 11획	二 2획	日 10획	長 8획	老 6획	頁 12획	艸 12획	手 12획	土 6획
分	第	二	時	長	老	須	菩	提	在
分	第	二	時	長	老	須	菩	提	在
分	第	二	時	長	老	須	菩	提	在

선현기청분(善現起請分) 제이(第二) 수보리가 의심나는 문제를 하나하나 들어서(起) 부처님께 여쭈어 그 가르침을 청(請)한 대목이다. 선현(善現)은 수보리를 뜻함.

시(時) 장로수보리(長老須菩提) 이때 장로인 수보리가

장로(長老) : 대중 가운데 어른격인, 지혜와 덕망이 높고 법랍이 많은 비구를 일컬음.

수보리(須菩提) : 범어로 Subhūti. 선현(善現), 선길(善吉), 공생(空生)이라 번역. 부처님 10대 제자 가운데 모든 법이 공(空)함을 깨달은 첫째가는 제자. 해공제일(解空第一), 무쟁제일(無諍第一)이라 함. 금강경은 공의 원리와 그 실천을 가르치기에 수보리가 등장한 것.

大	衆	中	卽	從	座	起	偏	袒	右
큰 대	무리 중	가운데 중	곧 즉	좇을 종	자리 좌	일어날 기	치우칠 편	옷벗어맬단	오른쪽 우
大 3획	血 12획	ㅣ 4획	卩 9획	彳 11획	广 10획	走 10획	人 11획	衣 10획	口 5획

재대중중(在大衆中) 즉종좌기(卽從座起) 편단우견(偏袒右肩)
　대중 가운데 있다가 자리에서 일어나, 바른편 어깨 쪽 가사를 벗고

　대중(大衆) : 범어로 Mahāsamgha. 마하승가(摩訶僧伽) 곧 많은 스님네를 말함. 또는 비구, 비구니, 우바새, 우바이의 총칭.

　★卽(즉) : 이제 즉, 곧 즉, 가까울 즉, 다만 즉. 어떤 시기와 긴밀하게 연결되는 것을 나타내고 '곧', '즉시', '바로' 등으로 해석한다.

　★偏(편) : 치우칠 편, 불공평할 편, 반신 편

肩	右	膝	着	地	合	掌	恭	敬	而
어깨 견	오른쪽 우	무릎 슬	붙을 착	땅 지	합할 합	손바닥 장	공손할 공	공경할 경	말이을 이
肉 8획	口 5획	肉 15획	目 12획	土 6획	口 6획	手 12획	心 10획	攵 13획	而 6획

우슬착지(右膝着地) 합장공경(合掌恭敬) 이백불언(而白佛言)
바른편 무릎을 땅에 꿇으며, 합장하고 공경스럽게 부처님께 말씀드렸습니다.

합장(合掌) : 두 손바닥을 합하여 마음이 한결같음을 나타내는 인도의 경례법의 일종. 그 모양이 같지 않으나, 보통은 두 손바닥과 열 손가락을 합하는 것임.

白	佛	言	希	有	世	尊	如	來	善
아뢸 백	부처님 불	말씀 언	드물 희	있을 유	세상 세	높을 존	같을 여	올 래	착할 선
白 5획	人 7획	言 7획	巾 7획	月 6획	一 5획	寸 12획	女 6획	人 8획	口 12획
白	佛	言	希	有	世	尊	如	來	善
白	佛	言	希	有	世	尊	如	來	善
白	佛	言	希	有	世	尊	如	來	善

희유세존(希有世尊)
"참으로 경이롭습니다, 세존이시여."

희유(希有) : 고맙고도 드물게 있는 것이란 뜻, 곧 아주 드물고 진기한 것을 말함. 여기서는 찬탄의 뜻으로 참으로 '훌륭하다', '거룩하다'로 이해하는 것이 좋음.

세존(世尊) : 부처님 10호의 하나. 열반의 피안에 이른 사람, 또는 진여(眞如)의 모습 그대로 이 세상에 와서 진리를 보여주는 사람이라는 뜻. 여기에서 세존은 앞에 계시는 부처님을 말하고, 여래는 응현(應現)하여 오시는 일반적인 부처님이라고 이해하면 된다.

★白(백) : 흰 백, 아뢸 백, 성 백

護	念	諸	菩	薩	善	付	囑	諸	菩
보호할 호	생각 념	모두 제	보살 보	보살 살	착할 선	부칠 부	부탁할 촉	모두 제	보살 보
言 21획	心 8획	言 16획	艸 12획	艸 18획	口 12획	人 5획	口 24획	言 16획	艸 12획
護	念	諸	菩	薩	善	付	囑	諸	菩
護	念	諸	菩	薩	善	付	囑	諸	菩
護	念	諸	菩	薩	善	付	囑	諸	菩

여래선호념제보살(如來善護念諸菩薩) 선부촉제보살(善付囑諸菩薩)

"여래께서는 보살들을 잘 생각하여 보호해 주시며, 보살들에게 잘 부탁하여 맡기십니다."

호념(護念) : 모든 불보살들이 선행을 닦는 중생에 대하여 온갖 어려움을 없애주고 옹호하며, 길이 억념(憶念)하여 버리지 않는 것을 말함.

보살(菩薩) : 범어로 Bodhisattva. 곧 보리살타(菩提薩埵)의 준말. 성불하기 위하여 수행에 힘쓰는 이. 넓게는 일반으로 대승교(大乘敎)에 귀의한 이를 가리킴.

부촉(付囑) : 다른 이에게 부탁하는 것을 말함. 부처님은 설법 뒤에 언제나 그 법의 유통

薩	世	尊	善	男	子	善	女	人	發
보살 살	세상 세	높을 존	착할 선	사내 남	아들 자	착할 선	계집 여	사람 인	일으킬 발
艹 18획	一 5획	寸 12획	口 12획	田 7획	子 3획	口 12획	女 3획	人 2획	癶 12획

을 제자에게 부탁하였는데, 이것을 부촉, 촉루(囑累), 누고(累敎)라고 한다.

세존(世尊) 선남자선여인(善男子善女人)

"세존이시여, 선남자 선여인 즉 착한 보살들이 있어"

선남자 선여인(善男子 善女人): 보리심(菩提心)을 발한 모든 중생을 통칭해서 쓰는 말로, 숙세의 인연이 있어 정법(正法)을 만난 선근(善根) 중생이라면 모두가 선남자 선여인이다. 여기에는 승속이 없고, 빈부귀천, 남녀노소가 없다. 우리말로는 '착한 사람들'이 된다.

阿	耨	多	羅	三	藐	三	菩	提	心
언덕 아	아뇩다라뇩	많을 다	비단 라	석 삼	삼먁 먁	석 삼	보살 보	보리 리	마음 심
阝 8획	耒 16획	夕 6획	罒 19획	一 3획	艸 18획	一 3획	艸 12획	手 12획	心 4획
阿	耨	多	羅	三	藐	三	菩	提	心
阿	耨	多	羅	三	藐	三	菩	提	心
阿	耨	多	羅	三	藐	三	菩	提	心

발아뇩다라삼먁삼보리심(發阿耨多羅三藐三菩提心)

" '아뇩다라삼먁삼보리심' 이라는 '부처님 세계에 들려는 마음' 을 내었다면"

아뇩다라삼먁삼보리 : 범어로 Anuttara-samyak-sambodhi. 번역하여 무상정등정각(無上正等正覺). 불과(佛果)의 지혜 곧 위없이 바르고 평등한 깨달음을 말함.

★耨(뇩) : 한자음은 호미 누, 김맬 누
★藐(먁) : 한자음은 멀 막, 아름다울 막 / 작을 묘, 멀 묘

應	云	何	住	云	何	降	伏	其	心
응할 응	이를 운	어찌 하	머무를 주	이를 운	어찌 하	항복할 항	엎드릴 복	그 기	마음 심
心 17획	二 4획	人 7획	人 7획	二 4획	人 7획	阝 9획	人 6획	八 8획	心 4획

응운하주(應云何住) 운하항복기심(云何降伏其心)

"이들은 어떻게 생활하여야 하며, 어떻게 마음을 다스려야 하겠습니까?"

운하(云何) : '여하(如何)'와 같다. 의문을 나타내며 사물, 방식 등을 묻는다. '무엇', '어떻게' 등으로 해석한다.

★降(항, 강) : 항복할 항 / 내릴 강

佛	言	善	哉	善	哉	須	菩	提	如
부처님 불	말씀 언	착할 선	어조사 재	착할 선	어조사 재	모름지기 수	보살 보	보리 리	같을 여
人 7획	言 7획	口 12획	口 9획	口 12획	口 9획	頁 12획	艹 12획	手 12획	女 6획

불언(佛言) 선재선재(善哉善哉) 수보리(須菩提) 여여소설(如汝所說)
  부처님께서 말씀하셨습니다.
  "오, 그래 그래 착하구나. 수보리야, 너의 말과 같이"

汝	所	説	如	來	善	護	念	諸	菩
너 여	바 소	말씀 설	같을 여	올 래	착할 선	보호할 호	생각 념	모두 제	보살 보
水 6획	戶 8획	言 14획	女 6획	人 8획	口 12획	言 21획	心 8획	言 16획	艹 12획

여래(如來) 선호념제보살(善護念諸菩薩)

"여래께서는 보살들을 잘 생각하여 보호해 주시며"

★所(소) : 바 소, 것 소, 곳 소, 연고 소, 가질 소

薩	善	付	囑	諸	菩	薩	汝	今	諦
보살 살	착할 선	부탁할 부	부탁할 촉	모두 제	보살 보	보살 살	너 여	이제 금	살필 제
艹 18획	口 12획	人 5획	口 24획	言 16획	艹 12획	艹 18획	水 6획	人 4획	言 16획
薩	善	付	囑	諸	菩	薩	汝	今	諦
薩	善	付	囑	諸	菩	薩	汝	今	諦
薩	善	付	囑	諸	菩	薩	汝	今	諦

선부촉제보살(善付囑諸菩薩) 여금제청(汝今諦聽)

"보살들에게 잘 부탁하여 맡기신단다. 자세히 들으라."

★諦(체, 제) : 살필 체 / 울 제
  불교에서는 '제'로 읽는 경우가 많음.

聽	當	爲	汝	說	善	男	子	善	女
들을 청	마땅할 당	할 위	너 여	말씀 설	착할 선	사내 남	아들 자	착할 선	계집 여
耳 22획	田 13획	爪 12획	水 6획	言 14획	口 12획	田 7획	子 3획	口 12획	女 3획

당위여설(當爲汝說) 선남자선여인(善男子善女人)

"너의 묻는 말에 답해 주리라. 선남자 선여인 즉 착한 보살들이 있어"

★爲(위) : 하 위, 할 위, 하여금 위, 어조사 위, 이룰 위, 행할 위, 위할 위

기본 뜻은 '하다'이며, 매우 보편적으로 쓰이는데 상·하 문장을 보아 융통성 있게 해석한다.

人	發	阿	耨	多	羅	三	藐	三	菩
사람 인	일으킬 발	언덕 아	아뇩다라뇩	많을 다	벌릴 라	석 삼	삼막 막	석 삼	보살 보
人 2획	癶 12획	阝 8획	耒 16획	夕 6획	罒 19획	一 3획	艹 18획	一 3획	艹 12획
人	發	阿	耨	多	羅	三	藐	三	菩
人	發	阿	耨	多	羅	三	藐	三	菩
人	發	阿	耨	多	羅	三	藐	三	菩

발아뇩다라삼먁삼보리심(發阿耨多羅三藐三菩提心)

" '아뇩다라삼먁삼보리심' 이라는 '부처님 세계에 들려는 마음' 을 내었다면"

보리(菩提) : 범어로 Bodhi. 도(道), 지(智), 각(覺)의 뜻

① 불교 최고의 이상인 불타 정각(正覺)의 지혜, 곧 불과(佛果)

② 정각의 지혜를 얻기 위하여 닦는 도, 곧 불과에 이르는 길

提	心	應	如	是	住	如	是	降	伏
보리 리	마음 심	응할 응	같을 여	이 시	머무를 주	같을 여	이 시	항복할 항	엎드릴 복
手 12획	心 4획	心 17획	女 6획	日 9획	人 7획	女 6획	日 9획	阝 9획	人 6획

응여시주(應如是住) 여시항복기심(如是降伏其心)
　"다음과 같이 생활하며 다음과 같이 마음을 다스려야 하느니라."

其	心	唯	然	世	尊	願	樂	欲	聞
그 기	마음 심	대답할 유	그럴 연	세상 세	높을 존	원할 원	좋아할 요	하고자할 욕	들을 문
八 8획	心 4획	口 11획	火 12획	一 5획	寸 12획	頁 19획	木 15획	欠 11획	耳 14획
其	心	唯	然	世	尊	願	樂	欲	聞
其	心	唯	然	世	尊	願	樂	欲	聞
其	心	唯	然	世	尊	願	樂	欲	聞

유연세존(唯然世尊) 원요욕문(願樂欲聞)

"예 알겠습니다, 세존이시여. 기꺼이 듣고자 하옵니다."

★唯(유) : 오직 유, 대답할 유

★樂(악, 락, 요) : 풍류 악 / 즐길 락 / 좋아할 요

大	乘	正	宗	分	第	三	佛	告	須
큰 대	탈 승	바를 정	마루 종	나눌 분	차례 제	석 삼	부처님 불	고할 고	모름지기 수
大 3획	丿 10획	止 5획	宀 8획	刀 4획	竹 11획	一 3획	人 7획	口 7획	頁 12획

대승정종분(大乘正宗分) 제삼(第三)

대(大)는 '크다', 승(乘)은 '수레' 라는 뜻이다. 즉 대승(大乘)은 일체중생을 함께 실어 나르는 큰 수레를 말한다. 정종(正宗)은 '바른 종지(宗旨)', '바른 으뜸' 이란 뜻으로 해석된다. 그래서 대승정종(大乘正宗)이란 '일체중생이 함께 타고 가는 큰 수레의 바르고 으뜸 되는 가르침' 이라는 뜻이다.

불(佛) 고수보리(告須菩提)

부처님께서 수보리에게 이르시었습니다.

菩	提	諸	菩	薩	摩	訶	薩	應	如
보살 보	보리 리	모두 제	보살 보	보살 살	갈 마	마하 하	보살 살	응당 응	같을 여
艹 12획	艹 12획	言 16획	艹 12획	艹 18획	手 15획	言 12획	艹 18획	心 17획	女 6획

제보살마하살(諸菩薩摩訶薩) 응여시항복기심(應如是降伏其心)

"대보살들은 반드시 다음과 같이 마음을 다스려야 하느니라."

마하살(摩訶薩) : 범어로 Mahāsattva. 마하살타(摩訶薩埵)의 준말. 대유정(大有情), 대사(大士)의 뜻으로 보살의 미칭(美稱).

보살마하살(菩薩摩訶薩) : '보살 큰보살'의 뜻으로 대원(大願)을 세운 보살이며, 우리 주위에서 가끔 만날 수 있는 '대보살'을 일컫는다.

★訶(하) : 한자음은 꾸짖을 가

是	降	伏	其	心	所	有	一	切	衆
이 시	항복할 항	엎드릴 복	그 기	마음 심	바 소	있을 유	한 일	모두 체	무리 중
日 9획	阝 9획	人 6획	八 8획	心 4획	戶 8획	月 6획	一 1획	刀 4획	血 12획

소유일체중생지류(所有一切衆生之類)

"'이 세상의 온갖 생명체들"

중생(衆生): 범어 Sattva(살타)의 번역. 유정(有情)의 뜻으로 부처님의 구제 대상이 되는, 생명이 있는 모든 존재. 넓게는 오계(悟界)의 불보살에게도 통하나, 보통으로는 미계(迷界)의 생류(生類)들을 일컫는다.

★切(체, 절) : 모두 체 / 끊을 절

生	之	類	若	卵	生	若	胎	生	若
날 생	의 지	무리 류	및 약	알 란	날 생	및 약	아이밸 태	날 생	및 약
生 5획	ノ 4획	頁 19획	艹 9획	卩 7획	生 5획	艹 9획	肉 9획	生 5획	艹 9획

약난생(若卵生) 약태생(若胎生) 약습생(若濕生) 약화생(若化生) "이를테면 알에서 태어났거나, 태에서 태어났거나, 습기에서 태어났거나, 갑자기 변화하여 태어났거나"

약유색(若有色) 약무색(若無色) 약유상(若有想) 약무상(若無想) 약비유상비무상(若非有想非無想) "하늘나라의 색계·무색계에 태어났거나, 무색계 하늘 중 유상천·무상천·비유상비무상천에 태어났거나"

사생(四生) : 생물이 태어나는 네 가지 형태. 태생(胎生), 난생(卵生), 습생(濕生), 화생(化生).

★之(지) : 갈 지, 이를 지, 이 지, 어조사 지, 의 지, 이에 지. 주로 문장 성분을 보충하는 역할을 한다.

濕	生	若	化	生	若	有	色	若	無
젖을 습	날 생	및 약	화할 화	날 생	및 약	있을 유	모양 색	및 약	없을 무
水 17획	生 5획	艹 9획	匕 4획	生 5획	艹 9획	月 6획	色 6획	艹 9획	火 12획
濕	生	若	化	生	若	有	色	若	無
濕	生	若	化	生	若	有	色	若	無
濕	生	若	化	生	若	有	色	若	無

욕계
- 난생(卵生) : 알에서 태어나는 것-새
- 태생(胎生) : 태에서 태어나는 것-사람
- 습생(濕生) : 습기에서 태어나는 것-모기, AIDS, 세균
- 화생(化生) : 화하여서 태어나는 것(지옥, 천상에 남)-나방

색계 — 유색(有色) : 색계에서 태어나는 것

★色(색) : 모양 색, 빛 색, 낯 색, 예쁜계집 색

色	若	有	想	若	無	想	若	非	有
모양 색	및 약	있을 유	생각할 상	및 약	없을 무	생각할 상	및 약	아닐 비	있을 유
色 6획	艹 9획	月 6획	心 13획	艹 9획	火 12획	心 13획	艹 9획	非 8획	月 6획
色	若	有	想	若	無	想	若	非	有
色	若	有	想	若	無	想	若	非	有
色	若	有	想	若	無	想	若	非	有

무색계
- 무색(無色) : 무색계에 태어나는 것
- 유상(有想) : 무색계의 제2천인 식무변천(識無邊天)에 태어나는 것
- 무상(無想) : 무상천(無想天)에 태어나는 것
- 비유상비무상(非有想非無想) : 비상비비상처천의 하늘나라에 태어나는 것 (생각이 있기도 하고 없기도 한 곳)

★ 욕계, 색계, 무색계를 삼계(三界)라고 하는데, 삼계는 '지옥·아귀·축생·아수라·인간·천상'의 육도(六道)로 불리기도 한다.

想	非	無	想	我	皆	令	入	無	餘
생각할 상	아닐 비	없을 무	생각할 상	나 아	다 개	하여금 영	들 입	없을 무	남을 여
心 13획	非 8획	火 12획	心 13획	戈 7획	白 9획	人 5획	入 2획	火 12획	食 16획

아개영입(我皆令入) 무여열반(無餘涅槃) 이멸도지(而滅度之)

"모두 내가 저 영원한 부처님 세계에 들도록 인도하리라' 라고 서원 세우라."

열반(涅槃) : 범어로 Nirvāna(니르바나). 불교의 최고 이상으로 멸(滅), 적멸(寂滅), 멸도(滅度), 원적(圓寂)이라 번역. 불도를 완전하게 이루어 일체의 번뇌를 해탈하고 불생불멸(不生不滅)의 법을 체득한 최고의 경지. 무여열반(無餘涅槃)은 정신적 열반뿐만 아니라 육체 자체의 고통까지 해결한 경지를 말하고, 유여열반(有餘涅槃)은 모든 번뇌는 끊었으되 몸의 고통은 남아있는 열반을 말한다. 그래서 무여열반은 완전한 열반, 완전한 부처님 세계를 말한다.

涅	槃	而	滅	度	之	如	是	滅	度
열반 열	쟁반 반	말이을 이	멸할 멸	법도 도	이를 지	같을 여	이 시	멸할 멸	건널 도
水 10획	木 14획	而 6획	水 13획	广 9획	丿 4획	女 6획	日 9획	水 13획	广 9획

여시멸도무량무수무변중생(如是滅度無量無數無邊衆生)

"이와 같이 헤아릴 수 없는 생명체들을 부처님 세계로 인도하지만"

멸도(滅度) : 열반을 번역한 말. 나고 죽는 큰 환난을 없애어 번뇌의 바다를 건넜다는 뜻.

★涅(열(녈), 날) : 개흙 열(녈), 죽을 열(녈), 극락갈 열(녈) / 개흙 날

★槃(반) : 즐거울 반, 쟁반 반

無	量	無	數	無	邊	衆	生	實	無
없을 무	헤아릴 량	없을 무	셀 수	없을 무	가 변	무리 중	날 생	사실 실	없을 무
火 12획	里 12획	火 12획	攵 15획	火 12획	辶 19획	血 12획	生 5획	宀 14획	火 12획
無	量	無	數	無	邊	衆	生	實	無
無	量	無	數	無	邊	衆	生	實	無
無	量	無	數	無	邊	衆	生	實	無

실무중생(實無衆生) 득멸도자(得滅度者)

"실지로는 인도를 받은 중생이 없느니라."

무량무수무변중생(無量無數無邊衆生) : 한량없고 수가 없고 가없는 중생이니 곧 헤아릴 수 없는 중생을 말함.

★實(실) : 사실 실, 열매 실, 성실할 실, 넉넉할 실, 충실할 실, 물건 실

★者(자) : 어조사 자, 것 자, 놈 자. 사람에 한정 하지 않고 사물, 일까지 포함된다.

眾	生	得	滅	度	者	何	以	故	須
무리 중	날 생	얻을 득	멸할 멸	건널 도	사람 자	어찌 하	써 이	연고 고	수염 수
血 12획	生 5획	彳 11획	水 13획	广 9획	老 9획	人 7획	人 5획	攴 9획	頁 12획

하이고(何以故)

"왜냐하면"

★何(하) : 원인을 묻거나 반문을 표시하고 '왜', '어떻게', '어째서' 등으로 해석한다.

★以故(이고) : 보통 '~ 때문에', '~의 까닭은' 으로 해석한다.

菩	提	若	菩	薩	有	我	相	人	相
보살 보	보리 리	만약 약	보살 보	보살 살	있을 유	나 아	모습 상	사람 인	볼 상
艹 12획	手 12획	艹 9획	艹 12획	艹 18획	月 6획	戈 7획	目 9획	人 2획	目 9획

수보리(須菩提) 약보살(若菩薩) 유아상인상중생상수자상(有我相人相衆生相壽者相) 즉비보살(卽非菩薩) "수보리야, 만약에 보살이 자기가 제일이라는 모습, 즉 아상이 있다거나, 나와 남을 나누어서 보는 모습, 즉 인상이 있다거나, 재미있고 호감 가는 것만 본능적으로 취하는 모습, 즉 중생상이 있다거나, 영원한 수명을 누려야지 하는 모습, 즉 수자상이 있다면, 이는 보살이 아니기 때문이니라."

아상(我相) : 자기라는 고집, 즉 자기가 제일이라는 모습을 말한다. 아상을 가진 사람은 재산, 학문, 가문, 권력, 자기의 용모 또는 힘을 믿고 자기가 최고라는 고집에 빠져 있으며 모든 사람을 업신여긴다.

衆	生	相	壽	者	相	卽	非	菩	薩
무리 중	날 생	모양 상	목숨 수	사람 자	서로 상	곧 즉	아닐 비	보살 보	보살 살
血 12획	生 5획	目 9획	士 14획	老 9획	目 9획	卩 9획	非 8획	艹 12획	艹 18획
衆	生	相	壽	者	相	卽	非	菩	薩
衆	生	相	壽	者	相	卽	非	菩	薩
衆	生	相	壽	者	相	卽	非	菩	薩

인상(人相): 남이라는 고집, 즉 나와 남을 나누어서 보는 모습을 말한다. 자기에게 견주어서 남을 비교, 차별 내지 경멸한다.

중생상(衆生相): 중생의 본능적 고집, 즉 재미있고 호감 가는 것만을 본능적으로 취하는 모습을 말한다. 중생, 모든 생명체들은 즐겁고 좋은 일인 듯 하면 자기가 취하려 하고, 귀찮고 힘든 일이면 남에게 미루려는 생각을 가진다.

수자상(壽者相): 생명에 대한 고집, 즉 영원한 수명을 누리려 하는 모습을 말한다. 모든 사람들은 자기는 늙지 않으리라는 생각, 죽지 않으리라는 생각을 갖는다. 모든 객관의 사물들이 그 영원한 수명과 함께하리라는 착각 속에 산다.

妙	行	無	住	分	第	四	復	次	須
묘할 묘	갈 행	없을 무	머무를 주	나눌 분	차례 제	넉 사	다시 부	버금 차	잠깐 수
女 7획	行 6획	火 12획	人 7획	刀 4획	竹 11획	口 5획	彳 12획	欠 6획	頁 12획
妙	行	無	住	分	第	四	復	次	須
妙	行	無	住	分	第	四	復	次	須
妙	行	無	住	分	第	四	復	次	須

묘행무주분(妙行無住分) 제사(第四)

묘행은 진리에 계합한 행동을 말한다. 즉 반야의 지혜로 행하는 일이다. 이는 생각에 딴 의식을 두지 않고 순수한 마음으로 해야 해서 무주(無住)라 하였다.

부차수보리(復次須菩提)

"또한 수보리야"

부차(復次) : 또 다음. 뒤에 말씀이 있을 것을 암시함.

★復(복, 부) : 회복할 복, 돌아올 복, 고할 복, 거듭 복 / 다시 부, 또 부

菩	提	菩	薩	於	法	應	無	所	住
보살 보	보리 리	보살 보	보살 살	어조사 어	법 법	응당 응	없을 무	바 소	머무를 주
艹 12획	手 12획	艹 12획	艹 18획	方 8획	水 8획	心 17획	火 12획	戶 8획	人 7획
菩	提	菩	薩	於	法	應	無	所	住
菩	提	菩	薩	於	法	應	無	所	住
菩	提	菩	薩	於	法	應	無	所	住

보살(菩薩) 어법(於法) 응무소주(應無所住) 행어보시(行於布施)

"보살은 반드시 대상에 매이지 말고 보시를 해야 하느니라."

법(法) : 법이란 여러 의미를 나타낸다. 진리의 뜻도 있고 일체 존재 자체로 표현되는 수도 있는데, 여기서는 '생각의 대상(對象)'이란 개념으로 쓰였다. 그 대상은 물질적인 것은 물론이고 기존 관념 등의 정신까지 포함한다. 구체적으로 살펴보면, 중생은 육근(六根, 눈·귀·코·혀·몸·생각)으로 대상을 인식하는데, 그 대상을 육경(六境, 색성향미촉법(色聲香味觸法))이라 한다. 이 육근과 육경 사이에 육식(六識)의 작용이 있게 되는 것이다.

行	於	布	施	所	謂	不	住	色	布
행할 행	어조사 어	베풀 보	베풀 시	바 소	이를 위	아닐 부	머무를 주	빛 색	베풀 보
行 6획	方 8획	巾 5획	方 9획	戶 8획	言 16획	一 4획	人 7획	色 6획	巾 5획

소위부주색(所謂不住色) 보시(布施) 부주성향미촉법(不住聲香味觸法) 보시(布施)
"이른바 형색·소리·냄새·맛·닿임·생각의 대상을 떠나서 보시할지니라."

보시(布施) : 범어로 단나(檀那, dāna). 널리 베푼다는 뜻. 자비심으로 물질을 베푸는 재시(財施), 교법(敎法)을 전하여 선근을 자라게 하는 법시(法施), 계(戒)를 지녀 남을 해치지 않고 두려워하는 마음이 없게 하는 무외시(無畏施)로 나눈다.

★布(포, 보) : 베풀 포, 펼 포, 베 포 / 보시 보

施	不	住	聲	香	味	觸	法	布	施
베풀 시	아닐 부	머무를 주	소리 성	향기 향	맛 미	닿을 촉	법 법	베풀 보	베풀 시
方 9획	一 4획	人 7획	耳 17획	香 9획	口 8획	角 20획	水 8획	巾 5획	方 9획

★ 於(어) : '~에서', '~까지', '~로부터', '~하는 방면에 있어서', '~함에 있어서는' 등으로 장소, 시간, 대상 범위 등을 표현한다.

須	菩	提	菩	薩	應	如	是	布	施
기다릴 수	보살 보	보리 리	보살 보	보살 살	응당 응	같을 여	이 시	베풀 보	베풀 시
頁 12획	艹 12획	手 12획	艹 12획	艹 18획	心 17획	女 6획	日 9획	巾 5획	方 9획

수보리(須菩提) 보살(菩薩) 응여시보시(應如是布施)

"수보리야, 보살은 반드시 이와 같이 보시하면서"

따뜻한 인사 한마디, 자연에 대한 따뜻한 손길, 상냥한 웃음과 상대방에 베푸는 따뜻한 친절 또한 모두 보시이다. 단순한 친절이지만 받아들이는 쪽에서는 크나큰 힘을 얻을 수도 있으므로 친절은 참으로 값진 보시가 될 수 있다. 보시는 복을 짓는 첩경이다.

不	住	於	相	何	以	故	若	菩	薩
아닐 부	머무를 주	어조사 어	모양 상	어찌 하	써 이	까닭 고	만약 약	보살 보	보살 살
一 4획	人 7획	方 8획	目 9획	人 7획	人 5획	攵 9획	艸 9획	艸 12획	艸 18획
不	住	於	相	何	以	故	若	菩	薩
不	住	於	相	何	以	故	若	菩	薩
不	住	於	相	何	以	故	若	菩	薩

부주어상(不住於相) 하이고(何以故) 약보살(若菩薩)

 "'내가 보시를 한다' 라는 생각도 내지 말아야 하느니라. 왜냐하면 만약에 보살이"

상(相) : '모양'을 말한다. 이때 모양이란 '어느 상태로 된 것', '고집', '집착'을 의미한다.

不	住	相	布	施	其	福	德	不	可
아닐 부	살 주	모양 상	베풀 보	베풀 시	그 기	복 복	큰 덕	아니 불	옳을 가
一 4획	人 7획	目 9획	巾 5획	方 9획	八 8획	示 14획	彳 15획	一 4획	口 5획

부주상보시(不住相布施) 기복덕(其福德) 불가사량(不可思量)

" '내가 보시를 한다'라는 생각 없이 보시를 하면, 그 복덕이 헤아릴 수 없이 크기 때문이니라."

복덕(福德) : 복스러운 공덕(功德). 착한 일을 많이 한 공(功)과 불도를 닦은 덕(德)을 말한다.

思	量	須	菩	提	於	意	云	何	東
생각 사	헤아릴 량	기다릴 수	보살 보	보리 리	어조사 어	뜻 의	이를 운	어찌 하	동녘 동
心 9획	里 12획	頁 12획	艸 12획	手 12획	方 8획	心 13획	二 4획	人 7획	木 8획
思	量	須	菩	提	於	意	云	何	東
思	量	須	菩	提	於	意	云	何	東
思	量	須	菩	提	於	意	云	何	東

수보리(須菩提) 어의운하(於意云何)
　"수보리야, 어떻게 생각하느냐?"

方	虛	空	可	思	量	不	不	也	世
방위 방	빌 허	빌 공	옳을 가	생각 사	헤아릴 량	아닐 부	아닐 불	어조사 야	인간 세
方 4획	虍 12획	穴 8획	口 5획	心 9획	里 12획	一 4획	一 4획	乙 3획	一 5획

동방허공(東方虛空) 가사량부(可思量不) 불야(不也) 세존(世尊)

"동쪽 허공의 크기를 생각으로 헤아릴 수 있겠느냐?"

"헤아릴 수 없습니다, 세존이시여."

★不(불, 부) : 한자음은 '불'이나 한문(漢文)에서 문장 끝의 '不'는 의문의 뜻을 나타내며 '부'로 발음한다. 또한 'ㄷ', 'ㅈ' 앞에서도 '부'로 읽는다.

★也(야) : 어떤 사실에 대해 확인하는 것을 나타내며, 각종 어기를 강조하는 구문(句文)에 쓰인다. '~라', '~이다', '~은 ~이다'라고 해석한다.

尊	須	菩	提	南	西	北	方	四	維
높을 존	잠깐 수	보살 보	보리 리	남녘 남	서녘 서	북녘 북	방위 방	넉 사	모퉁이 유
寸 12획	頁 12획	艹 12획	手 12획	十 9획	西 6획	匕 5획	方 4획	口 5획	糸 14획

수보리(須菩提) 남서북방사유상하허공(南西北方四維上下虛空)

"수보리야, 남·서·북·남서·남동·북서·북동·상·하"

사유(四維) : 방위(方位)의 네 구석. 곧 동남·동북·서남·서북을 말함. 사방(四方, 동·서·남·북)과 사유와 상하(上下)를 합하여 시방(十方)이라 한다.

★維(유) : 벼리 유, 모퉁이 유, 오직 유, 맬 유.

上	下	虛	空	可	思	量	不	不	也
윗 상	아래 하	빌 허	빌 공	옳을 가	생각 사	헤아릴 량	아닐 부	아닐 불	어조사 야
一 3획	一 3획	虍 12획	穴 8획	口 5획	心 9획	里 12획	一 4획	一 4획	乙 3획

가사량부(可思量不) 불야(不也) 세존(世尊)

"각각에 이르는 허공의 크기를 생각으로 헤아릴 수 있겠느냐?"

"헤아릴 수 없습니다, 세존이시여."

世	尊	須	菩	提	菩	薩	無	住	相
세상 세	높을 존	수염 수	보살 보	보리 리	보살 보	보살 살	없을 무	살 주	볼 상
一 5획	寸 12획	頁 12획	艸 12획	手 12획	艸 12획	艸 18획	火 12획	人 7획	目 9획
世	尊	須	菩	提	菩	薩	無	住	相
世	尊	須	菩	提	菩	薩	無	住	相
世	尊	須	菩	提	菩	薩	無	住	相

수보리(須菩提) 보살(菩薩) 무주상보시복덕(無住相布施福德)

"수보리야, 보살이 '내가 한다' 라는 생각 없이 보시한 복덕도"

무주상보시(無住相布施) : 상(相)에 머물지 않는 보시. 곧 '내가 베풀었다' 라는 생각조차도 없는 마음에서 하는 보시를 말함. 보시할 때에 보시하는 이, 보시 받는 이, 보시하는 물건, 이 세 가지 모두 청정하여 집착 없이 하나가 되는 것을 '삼륜청정(三輪淸淨)' 이라 한다.

布	施	福	德	亦	復	如	是	不	可
베풀 보	베풀 시	복 복	은혜 덕	또 역	다시 부	같을 여	이 시	아닐 불	옳을 가
巾 5획	方 9획	示 14획	彳 15획	亠 6획	彳 12획	女 6획	日 9획	一 4획	口 5획

역부여시(亦復如是) 불가사량(不可思量)

"이처럼 엄청나서, 생각으로 헤아릴 수 없느니라."

★亦(역) : '또한', '역시'로 해석하며, 과장이나 반문의 어기를 강조할 때 쓴다.

思	量	須	菩	提	菩	薩	但	應	如
생각 사	헤아릴 량	잠깐 수	보살 보	보리 리	보살 보	보살 살	다만 단	응당 응	같을 여
心 9획	里 12획	頁 12획	艹 12획	手 12획	艹 12획	艹 18획	人 7획	心 17획	女 6획
思	量	須	菩	提	菩	薩	但	應	如
思	量	須	菩	提	菩	薩	但	應	如
思	量	須	菩	提	菩	薩	但	應	如

수보리(須菩提) 보살(菩薩) 단응여소교주(但應如所教住)

"수보리야, 보살은 반드시 이와 같이 가르쳐 준 대로만 마음을 내고, 생활할지니라."

★但(단) : 어떤 범위에 한정됨을 나타내며 '단지', '겨우' 등으로 해석한다.

所	教	住	如	理	實	見	分	第	五
바 소	가르칠 교	머무를 주	같을 여	이치 리	사실 실	볼 견	나눌 분	차례 제	다섯 오
戶 8획	攵 11획	人 7획	女 6획	玉 11획	宀 14획	見 7획	刀 4획	竹 11획	二 4획

여리실견분(如理實見分) 제오(第五)

　여리(如理)란 이치(理致), 진리(眞理)와 같다는 말이요, 실견(實見)은 실답게 본다는 말이다. 모습 등의 외관에 마음을 두지 않고 그 이면에 숨겨진 진리를 관조(觀照)하는 힘을 가리킨다.

須	菩	提	於	意	云	何	可	以	身
기다릴 수	보살 보	보리 리	어조사 어	뜻 의	이를 운	어찌 하	옳을 가	써 이	몸 신
頁 12획	艸 12획	手 12획	方 8획	心 13획	二 4획	人 7획	口 5획	人 5획	身 7획

수보리(須菩提) 어의운하(於意云何) 가이신상(可以身相)

"수보리야, 어떻게 생각하느냐? 몸의 형색으로"

신상(身相) : 육신(六身)을 가리킨다. 부처님 몸의 형색(形色), 곧 육신은 보통 32상(相)으로 표현된다. 32상은 지수화풍(地水火風), 즉 사대색신(四大色身)이 결합하여 존재한다. 따라서 이 사대가 흩어지면, 즉 죽어 없어지면 몸의 형색은 있다고 말할 수 없다. 부처님의 진정한 몸은 법신(法身)이다. 늙고 병들고 죽지 않는 금강불괴의 몸이다. 육신은 유한하며, 법신은 무한하다. 육신은 유상(有相)이며, 법신은 오히려 무상(無相)이다.

相	見	如	來	不	不	也	世	尊	不
모양 상	볼 견	같을 여	올 래	아닐 부	아닐 불	어조사 야	세상 세	어른 존	아닐 불
目 9획	見 7획	女 6획	人 8획	一 4획	一 4획	乙 3획	一 5획	寸 12획	一 4획
相	見	如	來	不	不	也	世	尊	不
相	見	如	來	不	不	也	世	尊	不
相	見	如	來	不	不	也	世	尊	不

견여래부(見如來不) 불야(不也) 세존(世尊)

 "'참 부처님'을 볼 수 있다고 생각하느냐?"

 "볼 수 없습니다, 세존이시여."

 ★以(이) : 할(爲也) 이, 써(用也, '를'의 뜻에 씀) 이, 까닭 이, 함께 이, 거느릴 이, 생각할 이. 以는 본래 동사로서 '用'이라고도 썼는데, 전치사로서 명사 앞에 놓이며 대개 '~으로써'라고 해석한다.

可	以	身	相	得	見	如	來	何	以
옳을 가	써 이	몸 신	모양 상	얻을 득	볼 견	같을 여	올 래	어찌 하	써 이
口 5획	人 5획	身 7획	目 9획	彳 11획	見 7획	女 6획	人 8획	人 7획	人 5획

불가이신상(不可以身相) 득견여래(得見如來)

"몸의 형색으로는 '참 부처님'을 볼 수 없습니다."

故	如	來	所	說	身	相	卽	非	身
까닭 고	같을 여	올 래	바 소	말씀 설	몸 신	모양 상	곧 즉	아닐 비	몸 신
攵 9획	女 6획	人 8획	戶 8획	言 14획	身 7획	目 9획	卩 9획	非 8획	身 7획

하이고(何以故) 여래소설신상(如來所說身相) 즉비신상(卽非身相)

"왜냐하면 부처님께서 말씀하신 '몸의 형색'은 곧 몸의 형색이 아니기 때문입니다."

相	佛	告	須	菩	提	凡	所	有	相
모양 상	부처님 불	알릴 고	기다릴 수	보살 보	보리 리	무릇 범	바 소	있을 유	모양 상
目 9획	人 7획	口 7획	頁 12획	艸 12획	手 12획	几 3획	戶 8획	月 6획	目 9획

불(佛) 고수보리(告須菩提) 범소유상(凡所有相) 개시허망(皆是虛妄)

부처님께서 수보리에게 이르시었습니다.

"존재하고 있는 모든 정신적, 물질적인 것은 실체가 없고 끊임없이 변하는 것이니"

★凡(범) : 무릇(大槪) 범, 다(皆) 범, 범상할 범. 총괄함을 나타내며, '대체로', '결국', '대개' 등으로 해석한다.

皆	是	虛	妄	若	見	諸	相	非	相
다 개	이 시	헛될 허	허망할 망	만약 약	볼 견	모두 제	모양 상	아닐 비	모양 상
白 9획	日 9획	虍 12획	女 6획	艹 9획	見 7획	言 16획	目 9획	非 8획	目 9획

약견제상비상(若見諸相非相) 즉견여래(即見如來)

"만일 이와 같은 줄을 알면 '참 부처님'을 보리라."

범소유상(凡所有相) 개시허망(皆是虛妄) 약견제상비상(若見諸相非相) 즉견여래(即見如來) 는 금강경 전체를 통하여 가장 빈번히 인용되는 구절(句節)로 유명한 금강경 사구게(四句偈)이다.

卽	見	如	來	正	信	希	有	分	第
곧 즉	볼 견	같을 여	올 래	바를 정	믿을 신	드물 희	있을 유	나눌 분	차례 제
卩 9획	見 7획	女 6획	人 8획	止 5획	人 9획	巾 7획	月 6획	刀 4획	竹 11획

정신희유분(正信希有分) 제육(第六)

    정신(正信)은 바른 믿음, 희유(希有)는 거룩하고 귀함의 뜻이다. 우리들이 바른 믿음을 낸다는 것은 여간한 선근이 아니고서는 안 된다. 바른 믿음은 곧 진실한 믿음이다. 이 경에 담긴 뜻이 깊고 오묘하여 중생들이 그 참 뜻을 받아들여 그대로 받들고 믿는 것은 참으로 드문 일이며 귀하고 거룩한 일이다.

六	須	菩	提	白	佛	言	世	尊	頗
여섯 육	잠깐 수	보살 보	보리 리	아뢸 백	부처님 불	말씀 언	세상 세	어른 존	자못 파
八 4획	頁 12획	艸 12획	手 12획	白 5획	人 7획	言 7획	一 5획	寸 12획	頁 14획

수보리(須菩提) 백불언(白佛言) 세존(世尊) 파유중생(頗有衆生)

　수보리가 부처님께 사뢰었습니다.

　　"세존이시여, 중생들이"

有	衆	生	得	聞	如	是	言	說	章
있을 유	무리 중	날 생	얻을 득	들을 문	같을 여	이 시	말씀 언	말씀 설	글 장
月 6획	血 12획	生 5획	彳 11획	耳 14획	女 6획	日 9획	言 7획	言 14획	立 11획

득문여시언설장구(得聞如是言說章句)

"이와 같이 설하신 말씀의 구절들을 귀담아듣고"

여시언설장구(如是言說章句) : '이와 같은 말씀과 글귀'로 해석 되는데, 곧 금강경 사구게(四句偈)를 일컫는다.

1구 - 범소유상(凡所有相)   2구 - 개시허망(皆是虛妄)

3구 - 약견제상비상(若見諸相非相)   4구 - 즉견여래(卽見如來)

句	生	實	信	不	佛	告	須	菩	提
글귀 구	날 생	진실할 실	믿을 신	아닐 부	부처님 불	알릴 고	수염 수	보살 보	보리 리
口 5획	生 5획	宀 14획	人 9획	一 4획	人 7획	口 7획	頁 12획	艸 12획	手 12획

생실신부(生實信不) 불(佛) 고수보리(告須菩提)
  "실지로 믿음을 내겠습니까?"
  부처님께서 수보리에게 이르시었습니다.

莫	作	是	說	如	來	滅	後	後	五
말 막	지을 작	이 시	말씀 설	같을 여	올 래	죽을 멸	뒤 후	뒤 후	다섯 오
艹 11획	人 7획	日 9획	言 14획	女 6획	人 8획	水 13획	彳 9획	彳 9획	二 4획

막작시설(莫作是說) 여래멸후(如來滅後)

"그런 말 하지 말아라. 내가 육신의 몸을 버리고 진리의 세계로 든 뒤"

후오백세(後五百歲) : 부처님이 열반에 드신 후의 불교의 성쇠 상태를 5백년 마다로 구분한 오오백세(五五百歲) 가운데 제 5시기. 곧 제5 오백세.

ㅇ 제1 오백세 : 지혜 있는 이가 많은 해탈견고(解脫堅固)의 시기
ㅇ 제2 오백세 : 선정(禪定)을 닦는 사람이 많은 선정견고(禪定堅固)의 시기
ㅇ 제3 오백세 : 불경(佛經)을 공부하는 이가 많은 다문견고(多聞堅固)의 시기

百	歲	有	持	戒	修	福	者	於	此
일백 백	해 세	있을 유	가질 지	경계할 계	닦을 수	복 복	사람 자	어조사 어	이 차
白 6획	止 13획	月 6획	手 9획	戈 7획	人 10획	示 14획	老 9획	方 8획	止 6획

○ 제4 오백세 : 절이나 탑을 세우는 이가 많은 탑사견고(塔寺堅固)의 시기

○ 제5 오백세 : 불법이 점점 쇠퇴하여 쓸데없는 논쟁이 많은 투쟁견고(鬪爭堅固)의 시기

후오백세(後五百歲) 유지계수복자(有持戒修福者)

"이천오백 년 후에라도, 계를 지니고 복을 닦는 자가 있으면"

★莫(막) : 부사로서 '~해서는 안 된다', '~하지 마라' 등 하지말 것을 충고함을 나타낸다.

★作(작) : 지을 작, 비롯할 작, 일할 작, 일어날 작 / 만들 주 / 할 자, 지을 자

章	句	能	生	信	心	以	此	爲	實
글 장	글귀 구	능할 능	날 생	믿을 신	마음 심	써 이	이 차	할 위	사실 실
立 11획	口 5획	肉 10획	生 5획	人 9획	心 4획	人 5획	止 6획	爪 12획	宀 14획

어차장구(於此章句) 능생신심(能生信心) 이차위실(以此爲實)

"이 구절 말씀에 능히 믿는 마음을 내어 이를 진실한 것으로 여기리라."

當	知	是	人	不	於	一	佛	二	佛
마땅할 당	알 지	이 시	사람 인	아닐 불	어조사 어	한 일	부처님 불	두 이	부처님 불
田 13획	矢 8획	日 9획	人 2획	一 4획	方 8획	一 1획	人 7획	二 2획	人 7획

당지시인(當知是人) 불어일불이불삼사오불(不於一佛二佛三四五佛)

"마땅히 알아라. 이 사람은 한 부처님이나 두 부처님이나 셋, 넷, 다섯 부처님께만"

三	四	五	佛	而	種	善	根	已	於
석 삼	넉 사	다섯 오	부처님 불	말이을 이	심을 종	착할 선	뿌리 근	이미 이	어조사 어
一 3획	口 5획	二 4획	人 7획	而 6획	禾 14획	口 12획	木 10획	己 3획	方 8획
三	四	五	佛	而	種	善	根	已	於
三	四	五	佛	而	種	善	根	已	於
三	四	五	佛	而	種	善	根	已	於

이종선근(而種善根)

"선근을 심은 것이 아니라"

선근(善根) :

① 좋은 과보(果報)를 낳게 하는 좋은 인(因)의 뜻

② 온갖 선을 낳는 근본이란 뜻. 무탐(無貪)·무진(無瞋)·무치(無癡)를 3선근이라 함.

無	量	千	萬	佛	所	種	諸	善	根
없을 무	헤아릴 량	일천 천	일만 만	부처님 불	바 소	심을 종	모두 제	착할 선	뿌리 근
火 12획	里 12획	十 3획	艹 13획	人 7획	戶 8획	禾 14획	言 16획	口 12획	木 10획

이어무량천만불소(已於無量千萬佛所) 종제선근(種諸善根)

"한량없는 천만 억 부처님께 여러 선근을 심은 바"

聞	是	章	句	乃	至	一	念	生	淨
들을 문	이 시	글 장	글귀 구	이에 내	이를 지	한 일	생각 념	날 생	깨끗할 정
耳 14획	日 9획	立 11획	口 5획	ノ 2획	至 6획	一 1획	心 8획	生 5획	水 11획
聞	是	章	句	乃	至	一	念	生	淨
聞	是	章	句	乃	至	一	念	生	淨
聞	是	章	句	乃	至	一	念	生	淨

문시장구(聞是章句) 내지일념(乃至一念) 생정신자(生淨信者)
"이 구절 말씀을 듣거나 내지는 한 생각만으로도 깨끗한 믿음을 내느니라."

信	者	須	菩	提	如	來	悉	知	悉
믿을 신	사람 자	기다릴 수	보살 보	보리 리	같을 여	올 래	다 실	알 지	다 실
人 9획	老 9획	頁 12획	艹 12획	手 12획	女 6획	人 8획	心 11획	矢 8획	心 11획

수보리(須菩提) 여래(如來) 실지실견(悉知悉見) 시제중생(是諸衆生) 득여시무량복덕(得如是無量福德)

"수보리야, 여래께서는 이러한 중생들이 이와 같은 한량없는 복덕을 얻는다는 것을 다 아시고, 다 보시느니라."

★悉(실) : '모두', '전부', '완전히' 라고 해석한다.

見	是	諸	衆	生	得	如	是	無	量
볼 견	이 시	모두 제	무리 중	날 생	얻을 득	같을 여	이 시	없을 무	헤아릴 량
見 7획	日 9획	言 16획	血 12획	生 5획	彳 11획	女 6획	日 9획	火 12획	里 12획

여래(如來) : 진리(곧 如)에 따라서 왔고(來), 진여(眞如)에서 현출(現出)한 이, 곧 불타(佛陀)를 말함. '위없는 높은 이'라고 하는 의미로 무상(無上)의 무상, 곧 '무상상(無上上)'이라고도 한다.

여래에는 열 가지 별칭이 있어 여래십호(如來十號)라고 한다. 곧 ① 응공(應供) ② 정변지(正遍知) ③ 명행족(明行足) ④ 선서(善逝) ⑤ 세간해(世間解) ⑥ 무상사(無上士) ⑦ 조어장부(調御丈夫) ⑧ 천인사(天人師) ⑨ 불(佛) ⑩ 세존(世尊)

福	德	何	以	故	是	諸	衆	生	無
복 복	큰 덕	어찌 하	써 이	까닭 고	이 시	모두 제	무리 중	날 생	없을 무
示 14획	彳 15획	人 7획	人 5획	攵 9획	日 9획	言 16획	血 12획	生 5획	火 12획

하이고(何以故) 시제중생(是諸衆生)
"왜냐하면 이 중생들은"

83

復	我	相	人	相	衆	生	相	壽	者
다시 부	나 아	모양 상	사람 인	볼 상	무리 중	날 생	모양 상	목숨 수	사람 자
彳 12획	戈 7획	目 9획	人 2획	目 9획	血 12획	生 5획	目 9획	士 14획	耂 9획

무부아상(無復我相) 인상(人相) 중생상(衆生相) 수자상(壽者相)

"다시는 자기가 제일이라는 모습, 즉 아상이 없으며, 나와 남을 나누어 보는 모습, 즉 인상이 없으며, 재미있고 호감 가는 것만을 본능적으로 취하는 모습, 즉 중생상이 없으며, 영원한 수명을 누려야지 하는 모습, 즉 수자상이 없고"

相	無	法	相	亦	無	非	法	相	何
모양 상	없을 무	법 법	모양 상	또 역	없을 무	아닐 비	법 법	모양 상	어찌 하
目 9획	火 12획	水 8획	目 9획	亠 6획	火 12획	非 8획	水 8획	目 9획	人 7획

무법상(無法相) 역무비법상(亦無非法相)

"객관의 대상, 즉 법상도 없으며, 객관의 대상이 아닌 모습, 즉 비법상도 없느니라."

사상(四相 : 아상 · 인상 · 중생상 · 수자상) 은 '나' 라는 주관적인 집착에서 비롯된다 하여 아집(我執)이라 한다. 이에 반해 객관의 대상에 대한 집착을 법집(法執)이라 하는데, 법상(法相)은 객관의 대상을 긍정하여 집착함을 말하고, 비법상(非法相)은 객관의 대상을 부정하여 집착함을 말한다.

以	故	是	諸	衆	生	若	心	取	相
써 이	연고 고	이 시	모든 제	무리 중	날 생	만약 약	마음 심	취할 취	모양 상
人 5획	攵 9획	日 9획	言 16획	血 12획	生 5획	艸 8획	心 4획	又 8획	目 9획

하이고(何以故) 시제중생(是諸衆生) 약심취상(若心取相)

"왜냐하면 만약 중생들이 마음에 상을 취하면"

卽	爲	着	我	人	衆	生	壽	者	若
곧 즉	할 위	집착할 착	나 아	사람 인	무리 중	날 생	목숨 수	사람 자	만약 약
卩 9획	爪 11획	目 12획	戈 7획	人 2획	血 12획	生 5획	士 14획	老 9획	艸 9획

즉위착아인중생수자(卽爲着我人衆生壽者)

"곧 아상·인상·중생상·수자상을 가지는 것이 되기 때문이니라."

取	法	相	卽	着	我	人	衆	生	壽
취할 취	법 법	모양 상	곧 즉	붙을 착	나 아	사람 인	무리 중	날 생	목숨 수
又 8획	水 8획	目 9획	卩 9획	目 12획	戈 7획	人 2획	血 12획	生 5획	士 14획

약취법상(若取法相) 즉착아인중생수자(卽着我人衆生壽者)
"만약에 법상을 취하더라도, 곧 아상·인상·중생상·수자상을 가지는 것이 되느니라."

者	何	以	故	若	取	非	法	相	卽
사람 자	어찌 하	써 이	까닭 고	같을 약	취할 취	아닐 비	법 법	모양 상	곧 즉
老 9획	人 7획	人 5획	攵 9획	艹 9획	又 8획	非 8획	水 8획	目 9획	卩 9획

하이고(何以故) 약취비법상(若取非法相)

"왜냐하면 만약 비법상을 취하기만 해도"

着	我	人	衆	生	壽	者	是	故	不
붙을 착	나 아	사람 인	무리 중	날 생	목숨 수	사람 자	이 시	까닭 고	아닐 불
目 12획	戈 7획	人 2획	血 12획	生 5획	士 14획	老 9획	日 9획	攵 9획	一 4획

즉착아인중생수자(即着我人衆生壽者)

"이는 곧 아상·인상·중생상·수자상을 가지는 것이 되기 때문이니라."

應	取	法	不	應	取	非	法	以	是
응할 응	취할 취	법 법	아닐 불	응당 응	취할 취	아닐 비	법 법	써 이	이 시
心 17획	又 8획	水 8획	一 4획	心 17획	又 8획	非 8획	水 8획	人 5획	日 9획

시고(是故) 불응취법(不應取法) 불응취비법(不應取非法)

"그러한 까닭으로 마땅히 객관의 대상, 즉 법상을 취하지 말아야 하며, 객관의 대상이 아닌 모습, 즉 비법상도 취하지 말아야 하느니라."

是故(시고) : 결과나 결론을 나타내고, 원인이 되는 윗분장을 이어 결과를 설명한 단문이나 구의 첫머리에 쓰이며, '때문에' 라고 해석한다.

義	故	如	來	常	說	汝	等	比	丘
옳을 의	까닭 고	같을 여	올 래	항상 상	말씀 설	너 여	무리 등	견줄 비	언덕 구
羊 13획	攵 9획	女 6획	人 8획	巾 11획	言 14획	水 6획	竹 12획	比 4획	一 5획

이시의고(以是義故) 여래상설(如來常說) 여등비구(汝等比丘)

"이와 같은 이유로 내가 너희들 비구에게 항상 설하되"

知	我	說	法	如	筏	喻	者	法	尚
알 지	나 아	말씀 설	법 법	같을 여	뗏목 벌	비유할 유	것 자	법 법	오히려 상
矢 8획	戈 7획	言 14획	水 8획	女 6획	竹 12획	口 12획	老 9획	水 8획	小 8획

지아설법(知我說法) 여벌유자(如筏喻者)

"'나의 설법을 뗏목에 비유했다는 것을 알아라' 라고 하였느니라."

벌유(筏喻) : 뗏목의 비유(比喩). 이것은 피안(彼岸)에 이르는 방법론을 설명한 비유이다. 즉 이 언덕(생사윤회(生死輪廻)의 차안(此岸))에서 저 언덕(청정무구(淸淨無垢)의 피안)으로 가기 위해서는 뗏목(筏, 많은 수행(修行))이 필요하지만, 저 언덕에 도달한 후에는 뗏목이 필요하지 않다는 것이다. 다시 말해, 이미 적멸본처(寂滅本處)에 도달한 이상 '집착을 버려라' 라는 따위의 가르침은 결국 또다른 집착일 뿐이라는 뜻으로, 철저한 자유(自由)의 경지(境地)를 비유로 표현한 것이다.

應	捨	何	況	非	法	無	得	無	說
응당 응	버릴 사	어찌 하	하물며 황	아닐 비	법 법	없을 무	얻을 득	없을 무	말씀 설
心 17획	手 11획	人 7획	水 8획	非 8획	水 8획	火 12획	彳 11획	火 12획	言 14획

법상응사(法尙應捨) 하황비법(何況非法)

"법도 버려야 하는데, 하물며 비법에 매여서 되겠느냐!"

分	第	七	須	菩	提	於	意	云	何
나눌 분	차례 제	일곱 칠	수염 수	보살 보	보리 리	어조사 어	뜻 의	이를 운	어찌 하
刀 4획	竹 11획	一 2획	頁 12획	艸 12획	手 12획	方 8획	心 13획	二 4획	人 7획

무득무설분(無得無說分) 제칠(第七)
　얻을 것도 없고 말할 것도 없다는 말이다. 즉, 여래(如來)가 아뇩다라삼먁삼보리(阿耨多羅三藐三菩提)를 얻음이 없으며, 여래가 설(說)하신 바가 아무 것도 없다는 말이다.

수보리(須菩提) 어의운하(於意云何)
　"수보리야, 어떻게 생각하느냐?"

如	來	得	阿	耨	多	羅	三	藐	三
같을 여	올 래	얻을 득	언덕 아	아뇩다라뇩	많을 다	비단 라	석 삼	삼먁 먁	석 삼
女 6획	人 8획	彳 11획	阝 8획	耒 16획	夕 6획	罒 19획	一 3획	艹 18획	一 3획

여래득(如來得) 아뇩다라삼먁삼보리야(阿耨多羅三藐三菩提耶)
  "여래께서 아뇩다라삼먁삼보리, 즉 부처님 세계를 얻었다고 생각하느냐?"

菩	提	耶	如	來	有	所	說	法	耶
보살 보	보리 리	어조사 야	같을 여	올 래	있을 유	바 소	말씀 설	법 법	어조사 야
艹 12획	手 12획	耳 9획	女 6획	人 8획	月 6획	戶 8획	言 14획	水 8획	耳 9획
菩	提	耶	如	來	有	所	說	法	耶
菩	提	耶	如	來	有	所	說	法	耶
菩	提	耶	如	來	有	所	說	法	耶

여래유소설법야(如來有所說法耶)

"여래께서 설하신 법이 있다고 생각하느냐?"

★耶(야) : 의문(疑問)을 나타내는 어조사. '~입니까', '~인가' 로 해석한다.

須	菩	提	言	如	我	解	佛	所	說
기다릴 수	보살 보	보리 리	말씀 언	같을 여	나 아	풀 해	부처님 불	바 소	말씀 설
頁 12획	艹 12획	手 12획	言 7획	女 6획	戈 7획	角 13획	人 7획	戶 8획	言 14획

수보리언(須菩提言) 여아해불소설의(如我解佛所說義)

수보리가 대답하였습니다.

"제가 부처님께서 설하신 말씀의 뜻을 이해하기로는"

義	無	有	定	法	名	阿	耨	多	羅
뜻 의	없을 무	있을 유	정할 정	법 법	이름 명	언덕 아	아뇩다라뇩	많을 다	벌릴 라
羊 13획	火 12획	月 6획	宀 8획	水 8획	口 6획	阝 8획	耒 16획	夕 6획	罒 19획

무유정법(無有定法) 명아뇩다라삼먁삼보리(名阿耨多羅三藐三菩提)

"아뇩다라삼먁삼보리 즉 '부처님 세계' 라고 이름할 만한 일정한 법이 없으며"

부처님 세계, 아뇩다라삼먁삼보리는 중생(衆生) 각자(各自)에 따라 인식(認識) 되고 새롭게 창조(創造) 되는 것이지, 딱히 '여기서부터 부처님 세계이다', '이것이 부처님 세계이다' 하고 정해진 것은 아니다. 기도 정진하면 할수록 새로운 깨달음, 새로운 부처님의 가피(加被)가 오는 것이다.

三	藐	三	菩	提	亦	無	有	定	法
석 삼	삼먁 먁	석 삼	보살 보	보리 리	또 역	없을 무	있을 유	정할 정	법 법
一 3획	艸 18획	一 3획	艸 12획	手 12획	亠 6획	火 12획	月 6획	宀 8획	水 8획
三	藐	三	菩	提	亦	無	有	定	法
三	藐	三	菩	提	亦	無	有	定	法
三	藐	三	菩	提	亦	無	有	定	法

역무유정법(亦無有定法) 여래가설(如來可說)
"'여래께서 설하셨다'라고 할 만한 일정한 법도 또한 없습니다."

如	來	可	說	何	以	故	如	來	所
같을 여	올 래	가할 가	말씀 설	어찌 하	써 이	까닭 고	같을 여	올 래	바 소
女 6획	人 8획	口 5획	言 14획	人 7획	人 5획	攵 9획	女 6획	人 8획	戶 8획

하이고(何以故) 여래소설법(如來所說法)

"왜냐하면 여래께서 설하신 법은"

여래(如來)께서 설(說)하신 일정한 법(法)이 없다함은 모두가 방편설(方便說)이기 때문이다. 부처님은 맑은 거울과 같다. 부처님이란 맑은 거울에는 온 우리 중생(衆生)의 모습이 그대로 각각 비추어진다. 거울은 본래 그 자체로는 어떤 형상도 취하고 있지 않는 것처럼 부처님은 본래 그 자체로는 뭐라고 말해야 할 일정한 법이 없는 것이다. 부처님의 거울에 중생이 각각 비추어져서 요란한 소리를 내지만 제각각 중생이 없으면 법문도 없으니 설하신 일정한 법은 없는 것이다.

説	法	皆	不	可	取	不	可	説	非
말씀 설	법 법	다 개	아닐 불	옳을 가	취할 취	아닐 불	가할 가	말씀 설	아닐 비
言 14획	水 8획	白 9획	一 4획	口 5획	又 8획	一 4획	口 5획	言 14획	非 8획
説	法	皆	不	可	取	不	可	説	非
説	法	皆	不	可	取	不	可	説	非
説	法	皆	不	可	取	不	可	説	非

개불가취(皆不可取) 불가설(不可説)
 "다 취할 수도 없고, 다 말할 수도 없으며"

法	非	非	法	所	以	者	何	一	切
법 법	아닐 비	아닐 비	법 법	바 소	써 이	사람 자	무엇 하	한 일	모두 체
水 8획	非 8획	非 8획	水 8획	戶 8획	人 5획	老 9획	人 7획	一 1획	刀 4획

비법(非法) 비비법(非非法) 소이자하(所以者何)
"법도 아니고 법 아님도 아니기 때문입니다."

賢	聖	皆	以	無	爲	法	而	有	差
어질 현	성인 성	다 개	써 이	없을 무	할 위	법 법	말이을 이	있을 유	다를 차
貝 15획	耳 13획	白 9획	人 5획	火 12획	爪 12획	水 8획	而 6획	月 6획	工 10획

일체현성(一切賢聖) 개이무위법(皆以無爲法) 이유차별(而有差別)

"어떤 연유인고 하면, 그것은 모든 현인이나 성인들이 다 '근본 자리에서 쓰는 무위법' 가운데 여러 가지 차별이 있는 까닭입니다."

현성(賢聖) : 현인(賢人)과 성인(聖人)을 말함. 선(善)에 화(和)하여 악(惡)에서 벗어났으나, 아직 번뇌를 끊지 못하고 범부의 자리에 있음을 현(賢), 무루지(無漏智)를 내어서 진리를 깨닫고 미혹을 끊어 범부의 성품을 버린 이를 성(聖)이라 함.

무위법(無爲法) : 현상(現象)으로서 나타나 있는 존재(存在, 유위법(有爲法))가 아니라, 만들어진 것으로 있지 않는 존재를 말한다. 곧 유위법의 그 속에 숨겨진 존재의 근원(根

別	依	法	出	生	分	第	八	須	菩
분별할 별	의지할 의	법 법	날 출	날 생	나눌 분	차례 제	여덟 팔	모름지기수	보살 보
刀 7획	人 8획	水 8획	凵 5획	生 5획	刀 4획	竹 11획	八 2획	頁 12획	艸 12획
別	依	法	出	生	分	第	八	須	菩
別	依	法	出	生	分	第	八	須	菩
別	依	法	出	生	分	第	八	須	菩

源)으로서의 그 무엇을 의미한다.

의법출생분(依法出生分) 제팔(第八)

이 법에 의지해서 모든 법이 나온다는 말이다. 즉 일체의 모든 부처님과 부처님께서 말씀하신 아뇩다라삼먁삼보리법이 다 이 금강경에서 나온다는 본문 내용에 근거하고 있다.

提	於	意	云	何	若	人	滿	三	千
보리 리	어조사 어	생각 의	이를 운	어찌 하	만약 약	사람 인	찰 만	석 삼	일천 천
手 12획	方 8획	心 13획	二 4획	人 7획	艸 9획	人 2획	水 14획	一 3획	十 3획
提	於	意	云	何	若	人	滿	三	千
提	於	意	云	何	若	人	滿	三	千
提	於	意	云	何	若	人	滿	三	千

수보리(須菩提) 어의운하(於意云何) 약인(若人) 만삼천대천세계칠보(滿三千大千世界七寶)

"수보리야, 어떻게 생각하느냐? 만약 어떤 사람이 삼천대천세계에 일곱 가지 종류의 보물, 즉 칠보를 가득히 쌓아서"

삼천대천세계(三千大千世界) : 한 부처님의 감화가 미치는 세계를 말하는데, 일대천세계(一大千世界)라고도 함. 지구같은 한 개의 별을 한 세계라 하고, 이것의 천 배를 1소천(一小千) 세계, 또 이것의 천 배를 1중천(一中千) 세계, 다시 이것의 천 배를 1대천(一大千) 세계라 함. ★滿(만) : 찰 만, 가득할 만, 넘칠 만, ~가득한, ~가득 채워

大	千	世	界	七	寶	以	用	布	施
큰 대	일천 천	세상 세	경계 계	일곱 칠	보배 보	써 이	쓸 용	베풀 보	베풀 시
大 3획	十 3획	一 5획	田 9획	一 2획	宀 20획	人 5획	用 5획	巾 5획	方 9획

이용보시(以用布施)

"보시한다면"

칠보(七寶) : 일곱 가지의 보배. ① 금(金), ② 은(銀), ③ 유리(瑠璃), ④ 파려(玻瓈, 수정), ⑤ 자거(硨磲, 백산호), ⑥ 적주(赤珠, 붉은 진주), ⑦ 마노(碼瑙, 짙은 녹색의 보옥). 아미타경에서 이와 같이 열거하고 있는 것을 일반적으로 칠보라고 하는데, 법화경에서는 파려 대신에 매괴(玫瑰, 중국에서 나는 붉은 보석)를 넣음.

是	人	所	得	福	德	寧	爲	多	不
이 시	사람 인	바 소	얻을 득	복 복	큰 덕	어찌 영	할 위	많을 다	아닐 부
日 9획	人 2획	戶 8획	彳 11획	示 14획	彳 15획	宀 14획	爪 12획	夕 6획	一 4획

시인(是人) 소득복덕(所得福德) 영위다부(寧爲多不)

"이 사람의 지은 바 복덕이 많지 않겠느냐?"

寧爲(영위) : '차라리…가 될지라도', '어찌… 하리오'

★寧(영) : 편안할 녕, 차라리 녕, 이에 녕, 어찌 녕. 부사로서 반문을 나타내고 '어찌', '설마 ~일리가 있겠는가' 등으로 해석한다.

須	菩	提	言	甚	多	世	尊	何	以
잠깐 수	보살 보	보리 리	말씀 언	심할 심	많을 다	인간 세	높을 존	무엇 하	써 이
頁 12획	艸 12획	手 12획	言 7획	甘 9획	夕 6획	一 5획	寸 12획	人 7획	人 5획

수보리언(須菩提言) 심다(甚多) 세존(世尊) 하이고(何以故)

　수보리가 대답하였습니다.

　"대단히 많겠습니다, 세존이시여. 왜냐하면"

　★甚(심) : 부사. 정도가 높거나 수량이 많음을 나타낸다. '매우', '대단히' 라고 해석한다.

故	是	福	德	卽	非	福	德	性	是
연고 고	이 시	복 복	큰 덕	곧 즉	아닐 비	복 복	큰 덕	성품 성	이 시
攵 9획	日 9획	示 14획	彳 15획	卩 9획	非 8획	示 14획	彳 15획	心 8획	日 9획

시복덕(是福德) 즉비복덕성(卽非福德性)
"이 복덕은 참다운 복덕의 성질이 아닌"

복덕성(福德性): 진정한 복의 성질, 곧 영원히 새지 않는 무루복덕(無漏福德)의 성질을 말함. 무루복덕은 영원한 진리의 길목에서 성취되는 복덕으로 재물, 명예가 문제되지 않으며, 내적(內的)인 법열(法悅)의 충만감을 안겨주며, 중생에 대한 한없는 비원(悲願)을 일으킨다.

故	如	來	說	福	德	多	若	復	有
까닭 고	같을 여	올 래	말씀 설	복 복	큰 덕	많을 다	만약 약	다시 부	있을 유
攵 9획	女 6획	人 8획	言 14획	示 14획	彳 15획	夕 6획	艸 9획	彳 12획	月 6획

시고(是故) 여래설복덕다(如來說福德多)

"까닭에 여래께서 '복덕이 많다'라고 하셨기 때문입니다."

人	於	此	經	中	受	持	乃	至	四
사람 인	어조사 어	이 차	경서 경	가운데 중	받을 수	가질 지	이에 내	이를 지	넉 사
人 2획	方 8획	止 6획	糸 13획	ㅣ 4획	又 8획	手 9획	ノ 2획	至 6획	口 5획

약부유인(若復有人) 어차경중(於此經中) 수지내지사구게등(受持乃至四句偈等)
"만약에 또 어떤 사람이 있어, 이 경 가운데서 받아 지니거나, 혹은 네 구절의 게송 등을"

삼제(三諦) : 우주(宇宙)의 진상(眞相)을 말하는 세 가지 도리인 공제・가제・중제. 곧 공제(空諦)는 모든 사물은 모두 인연으로 생긴 것이고 하나도 그 실체와 자성(自性)이 있는 것이 아님을 아는 도리. 가제(假諦)는 삼라만상은 모두 자성이 없고 자체도 없어 실재하는 것이 없다 하여 있는 그대로를 인정하는 도리. 중제(中諦)는 모든 사물을 관찰할 때 공(空)인 동시에 유(有)요, 유인 동시에 공인 줄 아는 도리.

句	偈	等	爲	他	人	說	其	福	勝
글귀 구	게송 게	같을 등	위할 위	남 타	사람 인	말씀 설	그 기	복 복	나을 승
口 5획	人 11획	竹 12획	爪 12획	人 5획	人 2획	言 14획	八 8획	示 14획	力 12획

위타인설(爲他人說) 기복(其福) 승피(勝彼)

"다른 사람에게 설하여 주면, 그 복덕은 저 칠보를 보시한 복덕보다 더 수승하리라."

삼제(三諦)를 제 5분의 4구게에 대비해 보면 제 1구 범소유상(凡所有相)은 가(假)이고, 제 2·3구 개시허망(皆是虛妄) 약견제상비상(若見諸相非相)은 공(空)이고, 제 4구 즉견여래(卽見如來)는 중(中)이다. 불교에서의 중도(中道)는 바로 공(空)·유(有)를 자유자재로 관찰하는 일이다. 현상을 떠나서 진실이 있을 수 없으며, 현상 속에서 자성(自性)이 없는 줄 알 때에 그 속에서 바로 진실, 즉 진리를 보게 된다.

彼	何	以	故	須	菩	提	一	切	諸
저 피	무엇 하	써 이	까닭 고	기다릴 수	보살 보	보리 리	한 일	온통 체	모든 제
彳 8획	人 7획	人 5획	攵 9획	頁 12획	艹 12획	手 12획	一 1획	刀 4획	言 16획

하이고(何以故) 수보리(須菩提) 일체제불(一切諸佛)
"왜냐하면 일체의 모든 부처님과"

佛	及	諸	佛	阿	耨	多	羅	三	藐
부처님 불	및 급	모든 제	부처님 불	언덕 아	아뇩다라뇩	많을 다	새그물 라	석 삼	삼먁 먁
人 7획	又 4획	言 16획	人 7획	阝 8획	耒 16획	夕 6획	罒 19획	一 3획	艸 18획
佛	及	諸	佛	阿	耨	多	羅	三	藐
佛	及	諸	佛	阿	耨	多	羅	三	藐
佛	及	諸	佛	阿	耨	多	羅	三	藐

급제불(及諸佛) 아뇩다라삼먁삼보리법(阿耨多羅三藐三菩提法)
　"모든 부처님의 아뇩다라삼먁삼보리법이"

三	菩	提	法	皆	從	此	經	出	須
석 삼	보살 보	보리 리	법 법	다 개	좇을 종	이 차	경서 경	날 출	잠깐 수
一 3획	艹 12획	手 12획	水 8획	白 9획	彳 11획	止 6획	糸 13획	凵 5획	頁 12획
三	菩	提	法	皆	從	此	經	出	須
三	菩	提	法	皆	從	此	經	出	須
三	菩	提	法	皆	從	此	經	出	須

개종차경출(皆從此經出)

"모두 이 경에서 나왔기 때문이니라."

菩	提	所	謂	佛	法	者	卽	非	佛
보살 보	보리 리	바 소	이를 위	부처님 불	법 법	것 자	곧 즉	아닐 비	부처님 불
艹 12획	手 12획	戶 8획	言 16획	人 7획	水 8획	老 9획	卩 9획	非 8획	人 7획

수보리(須菩提) 소위불법자(所謂佛法者) 즉비불법(卽非佛法)
　"수보리야, 이른바 '부처님 법'이라는 것은 곧 부처님 법이 아니니라."

法	一	相	無	相	分	第	九	須	菩
법 법	한 일	모양 상	없을 무	모양 상	나눌 분	차례 제	아홉 구	잠깐 수	보살 보
水 8획	一 1획	目 9획	火 12획	目 9획	刀 4획	竹 11획	乙 2획	頁 12획	艹 12획

일상무상분(一相無相分) 제구(第九)

모든 모양은 상대적 개념을 떠난, 즉 '크다', '멀다' 등의 분별(分別)을 떠난 곳에서 한 모양(一相)이 된다. 어느 정신적 경지에 올랐다 하더라도 올랐다는 상이 있으면 이미 한 모양이 아니다. 만법(萬法)이 모두 하나인데 스스로 분별을 짓는 것이다.

하나의 모양으로 돌아가는 것은 곧 아무 모양을 짓지 않는다는 의미가 된다. 즉 무상(無相)이 된다.

提	於	意	云	何	須	陀	洹	能	作
보리 리	어조사 어	뜻 의	이를 운	어찌 하	모름지기 수	험할 타	흐를 원	능할 능	일으킬 작
手 12획	方 8획	心 13획	二 4획	人 7획	頁 12획	阝 8획	水 9획	肉 10획	人 7획

수보리(須菩提) 어의운하(於意云何)
"수보리야, 어떻게 생각하느냐?"

성문사과(聲聞四果) : 성문들이 깨닫는 4단계. ① 수다원과(須陀洹果), ② 사다함과(斯陀含果), ③ 아나함과(阿那含果), ④ 아라한과(阿羅漢果). 성문(聲聞)이란 가장 원시적 해석으로는 석가모니 부처님의 음성을 들은 제자를 말하나, 대체로 사성제(四聖諦) 등의 법문을 통해 깨달음을 이루는 부류를 말함.

수다원(須陀洹) : 성문 4과의 첫 단계로 '입류(入流)', '예류(預流)' 라고도 함. 미혹을 끊고 처음으로 성인(聖人)의 부류에 들어간 지위를 말함.

是	念	我	得	須	陀	洹	果	不	須
이 시	생각 념	나 아	얻을 득	잠깐 수	비탈 타	흐를 원	과실 과	아닐 부	잠깐 수
日 9획	心 8획	我 7획	11획	頁 12획	阝 8획	水 9획	木 8획	一 4획	頁 12획

수다원(須陀洹) 능작시념(能作是念) 아득수다원과부(我得須陀洹果不)

"수다원이 능히 '내가 수다원과를 얻었다' 라는 생각을 짓겠느냐?"

★陀(다) : 한자음은 타, 불교에서는 '다' 로도 읽음.

★能(능) : 조동사로서 어떤 일을 할 능력이 있거나 조건이 됨을 나타내며, 반드시 해석할 필요는 없다. '충분히 ~할 수 있다', '~할 수 있다', '이와 같은', '이러한' 등의 뜻이 있다.

菩	提	言	不	也	世	尊	何	以	故
보살 보	보리 리	말씀 언	아닐 불	어조사 야	인간 세	높을 존	어찌 하	써 이	까닭 고
艹 12획	手 12획	言 7획	一 4획	乙 3획	一 5획	寸 12획	人 7획	人 5획	攵 9획

수보리언(須菩提言) 불야(不也) 세존(世尊) 하이고(何以故)

　수보리가 대답하였습니다.

　"그러한 생각을 짓지 않습니다, 세존이시여. 왜냐하면"

須	陀	洹	名	爲	入	流	而	無	所
모름지기수	비탈질 타	흐를 원	이름 명	할 위	들 입	등급 류	말이을 이	없을 무	바 소
頁 12획	阝 8획	水 9획	口 6획	爪 12획	入 2획	水 10획	而 6획	火 12획	戶 8획

수다원(須陀洹) 명위입류(名爲入流) 이무소입(而無所入)

"수다원은 '성인의 류에 든다'라는 말이오나, 실지로는 들어간 바가 없기 때문입니다."

입류(入流) : 범어 Srotāpanna를 음역(音譯)하여 수다원(須陀洹)이라 하는데, 직역(直譯)하면 '흐름에 들어갔다'이다. 이것을 의역(意譯)하여 입류(入流)라고 한 것이다. 여기에서 입류(入流)를 '영원한 평안의 흐름에 들어간 사람'이라고 새길 수 있겠다.

★流(류) : 흐를 류, 등급 류

入	不	入	色	聲	香	味	觸	法	是
들 입	아닐 불	들 입	빛 색	소리 성	향기 향	맛 미	닿을 촉	법 법	이 시
入 2획	一 4획	入 2획	色 6획	耳 17획	香 9획	口 8획	角 20획	水 8획	日 9획

불입색성향미촉법(不入色聲香味觸法)
 "형색·소리·냄새·맛·닿임·생각의 대상에 물들지 아니한 까닭에"

색성향미촉법(色聲香味觸法) : 객관(客觀)의 세계를 통칭하는 말이다. 즉 색(色)은 형상, 성(聲)은 소리, 향(香)은 냄새, 미(味)는 맛, 촉(觸)은 촉감의 대상, 법(法)은 의식(意識)으로 상상할 수 있는 대상이다. 이를 '육진(六塵)'이라 하는데 '여섯 가지 티끌'이란 뜻이다. '육경(六境)'이란 표현을 많이 쓴다.

名	須	陀	洹	須	菩	提	於	意	云
이름 명	잠깐 수	비탈 타	흐를 원	잠깐 수	보살 보	보리 리	어조사 어	뜻 의	이를 운
口 6획	頁 12획	阝 8획	水 9획	頁 12획	艸 12획	手 12획	方 8획	心 13획	二 4획

시명수다원(是名須陀洹) 수보리(須菩提) 어의운하(於意云何)

"그 이름을 '수다원'이라 할 뿐입니다."

"수보리야, 어떻게 생각하느냐?"

何	斯	陀	含	能	作	是	念	我	得
어찌 하	이 사	비탈 타	머금을 함	능할 능	지을 작	이 시	생각 념	나 아	얻을 득
人 7획	斤 12획	阝 8획	口 7획	肉 10획	人 7획	日 9획	心 8획	戈 7획	彳 11획

사다함(斯陀含) 능작시념(能作是念) 아득사다함과부(我得斯陀含果不)

"사다함이 능히 '내가 사다함과를 얻었다' 라는 생각을 짓겠느냐?"

사다함(斯陀含) : 성문4과의 2단계로 '일래(一來)' 라고 한다. 욕계(欲界)의 사혹(思惑) 9품 중에서 앞의 6품만을 끊었으므로 인간과 천상에 한 번 왕래하면서 생(生)을 받아야 하는 지위.

斯	陀	含	果	不	須	菩	提	言	不
이 사	비탈 타	머금을 함	과실 과	아닐 부	잠깐 수	보살 보	보리 리	말씀 언	아닐 불
斤 12획	阜 8획	口 7획	木 8획	一 4획	頁 12획	艸 12획	手 12획	言 7획	一 4획
斯	陀	含	果	不	須	菩	提	言	不
斯	陀	含	果	不	須	菩	提	言	不
斯	陀	含	果	不	須	菩	提	言	不

수보리언(須菩提言)
　　수보리가 대답하였습니다.

也	世	尊	何	以	故	斯	陀	含	名
어조사 야	세상 세	높을 존	어찌 하	써 이	까닭 고	이 사	비탈질 타	머금을 함	이름 명
乙 3획	一 5획	寸 12획	人 7획	人 5획	攵 9획	斤 12획	阜 8획	口 7획	口 6획
也	世	尊	何	以	故	斯	陀	含	名
也	世	尊	何	以	故	斯	陀	含	名
也	世	尊	何	以	故	斯	陀	含	名

불야(不也) 세존(世尊) 하이고(何以故) 사다함(斯陀含) 명일왕래(名一往來)

"그러한 생각을 짓지 않습니다, 세존이시여. 왜냐하면 사다함은 '한번 갔다 온다' 라는 말이오나"

一	往	來	而	實	無	往	來	是	名
한 일	갈 왕	올 래	말이을 이	열매 실	없을 무	갈 왕	올 래	이 시	이름 명
一 1획	彳 8획	人 8획	而 6획	宀 16획	火 12획	彳 8획	人 8획	日 9획	口 6획

이실무왕래(而實無往來) 시명사다함(是名斯陀含)

"실지로는 가고 옴이 없는 까닭에, 그 이름을 '사다함'이라 할 뿐이기 때문입니다."

일왕래(一往來) : 범어 Sakrdāgāmin의 음역이 사다함(斯陀含)이고, 직역하면 '한 번 오는 자'이다. 이것을 의역하여 일래(一來)라고 한다. 사다함과를 얻으면 인간의 세계에서는 반드시 천상에 갔다가 다시 인간 세계로 돌아와 열반을 얻고, 천상의 세계에서는 인간의 세상으로 왔다가 다시 천상으로 가서 열반에 든다고 한다. 이와 같이 천상이나 인간 세계를 반드시 한 번 왕래하는 까닭에 '일왕래과(一往來果)'라고 한다.

斯	陀	含	須	菩	提	於	意	云	何
이 사	비탈질 타	머금을 함	잠깐 수	보살 보	보리 리	어조사 어	생각 의	이를 운	어찌 하
斤 12획	阜 8획	口 7획	頁 12획	艸 12획	手 12획	方 8획	心 13획	二 4획	人 7획
斯	陀	含	須	菩	提	於	意	云	何
斯	陀	含	須	菩	提	於	意	云	何
斯	陀	含	須	菩	提	於	意	云	何

수보리(須菩提) 어의운하(於意云何)

"수보리야, 어떻게 생각하느냐?"

阿	那	含	能	作	是	念	我	得	阿
언덕 아	어찌 나	머금을 함	능할 능	지을 작	이 시	생각 념	나 아	얻을 득	언덕 아
阜 8획	邑 7획	口 7획	肉 10획	人 7획	日 9획	心 8획	戈 7획	彳 11획	阜 8획

아나함(阿那含) 능작시념(能作是念) 아득아나함과부(我得阿那含果不)

"아나함이 능히 '내가 아나함과를 얻었다' 라는 생각을 짓겠느냐?"

아나함(阿那含) : 성문4과 중 3단계로 '불래(不來)' 라고도 함. 사다함과(斯陀含果)에서 남은 3품의 사혹(思惑)을 마저 끊고 욕계에 다시 나지 않는 지위.

那	含	果	不	須	菩	提	言	不	也
어찌 나	머금을 함	과실 과	아닐 부	잠깐 수	보살 보	보리 리	말씀 언	아닐 불	어조사 야
邑 7획	口 7획	木 8획	一 4획	頁 12획	艸 12획	手 12획	言 7획	一 4획	乙 3획

수보리언(須菩提言) 불야(不也)

　수보리가 대답하였습니다.

　"그러한 생각을 짓지 않습니다."

世	尊	何	以	故	阿	那	含	名	爲
인간 세	높을 존	어찌 하	써 이	연고 고	언덕 아	어찌 나	머금을 함	이름 명	할 위
一 5획	寸 12획	人 7획	人 5획	攵 9획	阜 7획	邑 7획	口 7획	口 6획	爪 12획

세존(世尊) 하이고(何以故) 아나함(阿那含) 명위불래(名爲不來)

"세존이시여. 왜냐하면 아나함은 '갔다 오지 않는다'라는 말이오나"

不	來	而	實	無	不	來	是	故	名
아닐 불	올 래	말이을 이	사실 실	없을 무	아닐 불	올 래	이 시	까닭 고	이름 명
一 4획	人 8획	而 6획	宀 14획	火 12획	一 4획	人 8획	日 9획	攵 9획	口 6획

이실무불래(而實無不來) 시고(是故) 명아나함(名阿那含)
 "실지로는 오지 않음이 없는 까닭에, 그 이름을 '아나함'이라 할 뿐이기 때문입니다."

 불래(不來) : 범어 Anāgāmin을 음역하여 아나함(阿那含)이라 하고, 직역하면 결코 '다시 돌아오지 않는 자'이다. 의역하여 불환(不還), 불래(不來)이다. 아나함과를 얻으면 욕계(欲界)의 번뇌를 모두 끊고, 사후(死後)에는 색계(色界), 무색계(無色界)에 태어나 욕계에서는 다시 태어나지 않는다. 이런 까닭에 불래 또는 불환이라 부른다.

阿	那	含	須	菩	提	於	意	云	何
언덕 아	어찌 나	머금을 함	잠깐 수	보살 보	보리 리	어조사 어	뜻 의	이를 운	어찌 하
阜 8획	邑 7획	口 7획	頁 12획	艸 12획	手 12획	方 8획	心 13획	二 4획	人 7획
阿	那	含	須	菩	提	於	意	云	何
阿	那	含	須	菩	提	於	意	云	何
阿	那	含	須	菩	提	於	意	云	何

수보리(須菩提) 어의운하(於意云何)
 "수보리야, 어떻게 생각하느냐?"

阿	羅	漢	能	作	是	念	我	得	阿
언덕 아	벌릴 라	한나라 한	능할 능	지을 작	이 시	생각 념	나 아	얻을 득	언덕 아
阜 8획	网 19획	水 14획	肉 10획	人 7획	日 9획	心 8획	戈 7획	彳 11획	阜 8획

아라한(阿羅漢) 능작시념(能作是念) 아득아라한도부(我得阿羅漢道不)
 "아라한이 능히 '내가 아라한과를 얻었다' 라는 생각을 짓겠느냐?"

아라한(阿羅漢) : 성문4과의 가장 윗자리. 3계의 견혹(見惑)·사혹(思惑)을 끊고, 공부가 완성되어 존경과 공양을 받을 수 있는 성인의 지위. 아라한을 달리 표현하여 '번뇌의 도적이 아주 없어졌다' 라는 뜻에서 '무적(無賊)' 이라고도 한다. 또한 '인(人), 천(天)의 공양에 응한다' 하여 응공(應供), '태어나지 않는다' 하여 불생(不生)이라고도 한다.

羅	漢	道	不	須	菩	提	言	不	也
비단 라	한나라 한	길 도	아닐 부	잠깐 수	보살 보	보리 리	말씀 언	아닐 불	어조사 야
网 19획	水 14획	辶 13획	一 4획	頁 12획	艹 12획	手 12획	言 7획	一 4획	乙 3획

수보리언(須菩提言) 불야(不也)

   수보리가 대답하였습니다.

     "그러한 생각을 짓지 않습니다."

世	尊	何	以	故	實	無	有	法	名
인간 세	높을 존	어찌 하	써 이	까닭 고	사실 실	없을 무	있을 유	법 법	이름 명
一 5획	寸 12획	人 7획	人 5획	攵 9획	宀 14획	火 12획	月 6획	水 8획	口 6획

세존(世尊) 하이고(何以故) 실무유법(實無有法) 명아라한(名阿羅漢)

"세존이시여. 왜냐하면 실지로는 법이 있지 않은 까닭에, 그 이름을 '아라한' 이라 할 뿐이기 때문입니다."

阿	羅	漢	世	尊	若	阿	羅	漢	作
언덕 아	벌릴 라	한수 한	세상 세	높을 존	만약 약	언덕 아	벌릴 라	한나라 한	지을 작
阜 8획	罒 19획	水 14획	一 5획	寸 12획	艸 9획	阜 8획	罒 19획	水 14획	人 7획
阿	羅	漢	世	尊	若	阿	羅	漢	作
阿	羅	漢	世	尊	若	阿	羅	漢	作
阿	羅	漢	世	尊	若	阿	羅	漢	作

세존(世尊) 약아라한(若阿羅漢) 작시념(作是念)
"세존이시여, 만약 아라한이 이와 같이 생각을 짓되"

是	念	我	得	阿	羅	漢	道	卽	爲
이 시	생각 념	나 아	얻을 득	언덕 아	비단 라	한수 한	이치 도	곧 즉	할 위
日 9획	心 8획	戈 7획	彳 11획	阜 8획	网 19획	水 14획	辶 13획	卩 9획	爪 12획
是	念	我	得	阿	羅	漢	道	卽	爲
是	念	我	得	阿	羅	漢	道	卽	爲
是	念	我	得	阿	羅	漢	道	卽	爲

아득아라한도(我得阿羅漢道)

" '내가 아라한과를 얻었다' 라고 한다면"

★道(도) : 길 도, 밟을 도, 이치 도, 순할 도, 도리 도, 말할 도

着	我	人	衆	生	壽	者	世	尊	佛
붙을 착	나 아	사람 인	무리 중	날 생	목숨 수	사람 자	세상 세	높을 존	부처님 불
目 12획	戈 7획	人 2획	血 12획	生 5획	士 14획	老 9획	一 5획	寸 12획	人 7획

즉위착아인중생수자(即爲着我人衆生壽者)

"이는 곧 아상·인상·중생상·수자상에 걸리는 것이 됩니다."

説	我	得	無	諍	三	昧	人	中	最
말씀 설	나 아	얻을 득	없을 무	다툴 쟁	석 삼	어두울 매	사람 인	가운데 중	가장 최
言 14획	戈 7획	彳 11획	火 12획	言 15획	一 3획	日 9획	人 2획	ㅣ 4획	曰 12획

세존(世尊) 불설아득무쟁삼매(佛說我得無諍三昧) 인중(人中) 최위제일(最爲第一)

"세존이시여, 부처님께서 설하시되, 제가 '번뇌와의 다툼을 여읜 삼매'를 얻은 사람 가운데에서 가장 제일이라고 하셨습니다."

무쟁삼매(無諍三昧) : 다툼이 없는 삼매, 즉 번뇌와의 다툼이 없음을 뜻함. 산란한 마음이 없어 항상 망녕된 생각을 떠나 있고, 분별 갈등의 마음이 없으며, 번뇌가 없는 무아(無我)의 상태를 말함.

삼매(三昧) : 범어로 Samādhi. 산란한 마음을 한 곳에 모아 움직이지 않게 하며, 마음을 바르게 하여 망념(妄念)에서 벗어나는 것.

爲	第	一	是	第	一	離	欲	阿	羅
될 위	차례 제	한 일	이 시	차례 제	한 일	떠날 리	하고자할 욕	언덕 아	새그물 라
爪 12획	竹 11획	一 1획	日 9획	竹 11획	一 1획	隹 19획	欠 11획	阜 8획	罒 19획
爲	第	一	是	第	一	離	欲	阿	羅
爲	第	一	是	第	一	離	欲	阿	羅
爲	第	一	是	第	一	離	欲	阿	羅

시제일이욕아라한(是第一離欲阿羅漢)

"이는 '욕심을 떠난 아라한 가운데 제일'이라는 말씀입니다."

漢	世	尊	我	不	作	是	念	我	是
한수 한 水 14획	세상 세 一 5획	높을 존 寸 12획	나 아 戈 7획	아닐 부 一 4획	지을 작 人 7획	이 시 日 9획	생각 념 心 8획	나 아 戈 7획	이 시 日 9획

세존(世尊) 아부작시념(我不作是念) 아시이욕아라한(我是離欲阿羅漢)

"하오나 세존이시여, 저는 '내가 욕심을 떠난 아라한이다'라는 생각을 짓지 않습니다."

離	欲	阿	羅	漢	世	尊	我	若	作
떠날 리	하고자할 욕	언덕 아	비단 라	한나라 한	세상 세	높을 존	나 아	만약 약	지을 작
隹 19획	欠 11획	阜 8획	罒 19획	水 14획	一 5획	寸 12획	戈 7획	艹 9획	人 7획
離	欲	阿	羅	漢	世	尊	我	若	作
離	欲	阿	羅	漢	世	尊	我	若	作
離	欲	阿	羅	漢	世	尊	我	若	作

세존(世尊) 아약작시념(我若作是念) 아득아라한도(我得阿羅漢道)
　"세존이시여, 제가 만약에 '아라한도를 얻었다' 라는 생각을 지었다면"

是	念	我	得	阿	羅	漢	道	世	尊
이 시	생각 념	나 아	얻을 득	언덕 아	벌릴 라	한수 한	길 도	인간 세	높을 존
日 9획	心 8획	戈 7획	彳 11획	阜 8획	网 19획	水 14획	辶 13획	一 5획	寸 12획

세존(世尊) 즉불설수보리(卽不說須菩提) 시요아란나행자(是樂阿蘭那行者)

"세존께서 '수보리는 아란나행을 좋아하는 자'라고 말씀하지 않으셨을 것입니다."

卽	不	說	須	菩	提	是	樂	阿	蘭
곧 즉	아닐 불	말씀 설	잠깐 수	보살 보	보리 리	이 시	좋아할 요	언덕 아	난초 란
卩 9획	一 4획	言 14획	頁 12획	艸 12획	扌 12획	日 9획	木 15획	阝 8획	艸 21획

아란나행(阿蘭那行) : 범어 Araṇā를 아란나(阿蘭那), 아란야(阿蘭若) 등으로 음역. 적정처(寂靜處), 무쟁처(無諍處) 등을 뜻하는 아란나는 시끄러움이 없는 한적한 곳으로 수행하기에 적당한 곳을 가리키는 말.

아란나행은 아란나 같은 곳에서 일체의 욕망과 번뇌를 버리는 수행(修行), 곧 무쟁삼매(無諍三昧)에 들어가는 수행을 말한다. 만일 얻음이 있으면 마음의 다툼이 있고, 마음 속 다툼이 있으면 청정한 길이 못 된다. 얻음이 없는 마음을 행하는 것이 다툼이 없는 행(行)이다. 실로 행하는 바 없이 행하여야 하며, 무쟁삼매는 마음에 얻은 바가 없을 때 이르는 경지(境地)이다.

那	行	者	以	須	菩	提	實	無	所
어찌 나	행할 행	사람 자	까닭 이	수염 수	보살 보	보리 리	실상 실	없을 무	바 소
邑 7획	行 6획	老 9획	人 5획	頁 12획	⺿ 12획	扌 12획	宀 14획	灬 12획	戶 8획

이수보리(以須菩提) 실무소행(實無所行)
　"실은 제가 그러지 않았으므로"

行	而	名	須	菩	提	是	樂	阿	蘭
행할 행	말이을 이	이름 명	수염 수	보살 보	보리 리	이 시	좋아할 요	언덕 아	난초 란
行 6획	而 6획	口 6획	頁 12획	⺿ 12획	扌 12획	日 9획	木 15획	阝 8획	⺿ 21획

이명수보리(而名須菩提) 시요아란나행(是樂阿蘭那行)

"'수보리는 아란나행을 좋아한다'라고 하셨습니다."

那	行	莊	嚴	淨	土	分	第	十	佛
어찌 나	행할 행	씩씩할 장	엄할 엄	깨끗할 정	흙 토	나눌 분	차례 제	열 십	부처님 불
阝 7획	行 6획	艸 11획	口 20획	水 11획	土 3획	刀 4획	竹 11획	十 2획	人 7획

장엄정토분(莊嚴淨土分) 제십(第十)

정토(淨土)란 불국토, 즉 부처님 세계를 말하며, 장엄(莊嚴)이란 아름답고 좋게 꾸민다는 말이다. 그래서 장엄정토란 부처님 세계를 꾸민다는 뜻이다. 장엄을 하는 데는 형상적으로 하는 방법이 있고, 형상 아닌 정신적으로 하는 방법이 있다. 곧 절을 짓고 단청하고 탑을 쌓는 등의 물질적 모양의 장엄이 있고, 마음을 맑고 깨끗이 하여 생각마다 언제나 부처님 마음이 가득한, 모양으로는 잡을 수 없는 정신적 장엄이 있다. 전자를 '형상장엄', 후자를 '제일의상장엄(第一義相莊嚴)' 이라 한다.

장엄(莊嚴) : ① 씩씩하고 엄숙함 ② 佛 칠보, 보관, 연화, 영락, 보배 등을 장식 하는 일

告	須	菩	提	於	意	云	何	如	來
알릴 고	모름지기 수	보살 보	보리 리	어조사 어	뜻 의	이를 운	어찌 하	같을 여	올 래
口 7획	頁 12획	⺿ 12획	扌 12획	方 8획	心 11획	二 4획	人 7획	女 6획	人 8획
告	須	菩	提	於	意	云	何	如	來
告	須	菩	提	於	意	云	何	如	來
告	須	菩	提	於	意	云	何	如	來

불고수보리(佛告須菩提) 어의운하(於意云何)

  부처님께서 이르시었습니다.

    "수보리야, 어떻게 생각하느냐?"

昔	在	燃	燈	佛	所	於	法	有	所
옛 석	있을 재	불탈 연	등불 등	부처님 불	바 소	어조사 어	법 법	있을 유	바 소
日 8획	土 6획	火 16획	火 16획	人 7획	戶 8획	方 8획	氵 8획	月 6획	戶 8획

여래석재연등불소(如來昔在燃燈佛所) 어법(於法) 유소득부(有所得不)
  "여래가 옛적에 연등 부처님 처소에서 법을 얻은 바가 있다고 생각하느냐?"

연등불(燃燈佛) : 과거세(過去世)의 부처님으로 석가모니 부처님 이전에 계신 24불 중의 한 분. 연화국(蓮華國)에서 태어나서 출가하여 먼 옛날 백천만억의 부처님께 공양을 올리고 부처님이 되셨다. 석가모니 부처님이 전생에 선혜보살(善慧菩薩)이라는 수행자였을 때, 연등불에게 꽃공양을 올리고, 진흙길에 자기 옷을 깔아 밟고 지나가시게 하고, 또한 자신의 머리를 풀어 밟고 지나가시도록 하자, 연등불께서 선혜보살에게 '미래에 반드시 석가모니불이 되리라' 라는 수기(授記)를 주셨다.

得	不	不	也	世	尊	如	來	在	燃
얻을 득	아닐 부	아닐 불	어조사 야	인간 세	높을 존	같을 여	올 래	있을 재	불탈 연
彳 11획	一 4획	一 4획	乙 3획	一 5획	寸 12획	女 6획	人 8획	土 6획	火 16획
得	不	不	也	世	尊	如	來	在	燃
得	不	不	也	世	尊	如	來	在	燃
得	不	不	也	世	尊	如	來	在	燃

불야(不也) 세존(世尊) 여래재연등불소(如來在燃燈佛所)

"아닙니다, 세존이시여. 여래께서 연등 부처님 처소에 계실 적에"

燈	佛	所	於	法	實	無	所	得	須
등잔 등	부처님 불	바 소	어조사 어	법 법	실상 실	없을 무	바 소	얻을 득	모름지기 수
火 16획	人 7획	戶 8획	方 8획	氵 8획	宀 14획	灬 12획	戶 8획	彳 11획	頁 12획
燈	佛	所	於	法	實	無	所	得	須
燈	佛	所	於	法	實	無	所	得	須
燈	佛	所	於	法	實	無	所	得	須

어법(於法) 실무소득(實無所得)

"실지로 법을 얻으신 바가 없습니다."

菩	提	於	意	云	何	菩	薩	莊	嚴
보살 보	보리 리	어조사 어	뜻 의	이를 운	어찌 하	보살 보	보살 살	장엄할 장	엄할 엄
艹 12획	扌 12획	方 8획	心 11획	二 4획	人 7획	艸 12획	艸 18획	艸 11획	口 20획

수보리(須菩提) 어의운하(於意云何) 보살(菩薩) 장엄불토부(莊嚴佛土不)

"수보리야, 어떻게 생각하느냐? 보살이 '불국토를 장엄한다' 라는 생각을 하겠느냐?"

장엄(莊嚴) : 좋고 아름다운 것으로 국토를 꾸미고, 훌륭한 공덕(功德)을 쌓아 몸을 장식하고, 향·꽃들을 부처님께 올려 장식하는 것들. 육조(六祖) 혜능대사(慧能大師)께서는 장엄을 세 가지로 나누었다. ① 장엄세간불토(莊嚴世間佛土) : 절 짓기, 사경(寫經), 보시(布施), 공양(供養). ② 장엄신불토(莊嚴身佛土) : 모든 사람을 널리 공경함. ③ 장엄심불토(莊嚴心佛土) : 마음을 맑게 하여 생각마다 언제나 무소득심(無所得心)을 행함.

佛	土	不	不	也	世	尊	何	以	故
부처님 불	흙 토	아닐 부	아닐 불	어조사 야	인간 세	높을 존	어찌 하	써 이	까닭 고
人 7획	土 3획	一 4획	一 4획	乙 3획	一 5획	寸 12획	亻 7획	人 5획	攵 9획

불야(不也) 세존(世尊) 하이고(何以故)
"아닙니다, 세존이시여. 왜냐하면"

莊	嚴	佛	土	者	卽	非	莊	嚴	是
씩씩할 장	엄할 엄	부처님 불	흙 토	것 자	곧 즉	아닐 비	씩씩할 장	엄할 엄	이 시
艸 11획	口 20획	亻 7획	土 3획	老 9획	卩 9획	非 8획	艹 11획	口 20획	日 9획

장엄불토자(莊嚴佛土者) 즉비장엄(卽非莊嚴) 시명장엄(是名莊嚴)

"'불국토를 장엄한다'라는 것은 곧 장엄이 아니라, 그 이름이 '장엄'이기 때문입니다."

名	莊	嚴	是	故	須	菩	提	諸	菩
이름 명	씩씩할 장	엄할 엄	이 시	연고 고	잠깐 수	보살 보	보리 리	모든 제	보살 보
口 6획	艸 11획	口 20획	日 9획	攵 9획	頁 12획	艹 12획	手 12획	言 16획	艹 12획
名	莊	嚴	是	故	須	菩	提	諸	菩
名	莊	嚴	是	故	須	菩	提	諸	菩
名	莊	嚴	是	故	須	菩	提	諸	菩

시고(是故) 수보리(須菩提)
　"그러한 까닭으로 수보리야"

薩	摩	訶	薩	應	如	是	生	清	淨
보살 살	마하 마	마하 하	보살 살	응할 응	같을 여	이 시	날 생	맑을 청	깨끗할 정
++ 18획	手 15획	言 12획	++ 18획	心 17획	女 6획	日 9획	生 5획	氵 11획	氵 11획

제보살마하살(諸菩薩摩訶薩) 응여시생청정심(應如是生清淨心)

"모든 대보살들은 반드시 다음과 같이 청정한 마음을 내어야 하느니라."

청정(清淨) : 나쁜 짓으로 지은 허물이나 번뇌의 더러움에서 벗어난 깨끗함.

心	不	應	住	色	生	心	不	應	住
마음 심	아닐 불	응할 응	머무를 주	빛 색	날 생	마음 심	아닐 불	응당 응	머무를 주
心 4획	一 4획	心 17획	亻 7획	色 6획	生 5획	心 4획	一 4획	心 17획	亻 7획
心	不	應	住	色	生	心	不	應	住
心	不	應	住	色	生	心	不	應	住
心	不	應	住	色	生	心	不	應	住

불응주색생심(不應住色生心)

"즉, 형색에 머물러서 마음을 내지 말고"

聲	香	味	觸	法	生	心	應	無	所
소리 성	향기 향	맛 미	닿을 촉	법 법	날 생	마음 심	응당 응	없을 무	바 소
耳 17획	香 9획	口 8획	角 20획	氵 8획	生 5획	心 4획	心 17획	灬 12획	戶 8획
聲	香	味	觸	法	生	心	應	無	所
聲	香	味	觸	法	生	心	應	無	所
聲	香	味	觸	法	生	心	應	無	所

불응주성향미촉법생심(不應住聲香味觸法生心)
 "소리·냄새·맛·닿임·생각의 대상에 머물러서 마음을 내지도 말아야 하나니"

응무소주(應無所住) 이생기심(而生其心) : 직역하면 '마땅히 머무는 바 없이 그 마음을 내라'이다. 곧 일체의 상(相)을 떠난 청정한 마음을 쓰라는 뜻이다. 이는 평등한 자비심(慈悲心)을 행하여 일체중생을 공경(恭敬)하는 일이다. 집착을 떠난 구극(究極)의 경지를 설명한 구절로서 현재 우리 불교가 금강경을 소의경전(所依經典, 주로 의지하는 경전)으로 삼는 데는 이 구절에 연유한 바가 크다. 중국 선종(禪宗)의 육조(六祖) 혜능대사(慧能大師)는 이 구절에서 발심(發心)하여 출가하여 대오(大悟)를 얻었다.

住	而	生	其	心	須	菩	提	譬	如
머무를 주	말이을 이	날 생	그 기	마음 심	잠깐 수	보살 보	보리 리	비유할 비	같을 여
亻 7획	而 6획	生 5획	八 8획	心 4획	頁 12획	艹 12획	扌 12획	言 20획	女 6획

응무소주(應無所住) 이생기심(而生其心)

"마땅히 아무 데도 집착하는 바 없이 그 마음을 낼지니라."

有	人	身	如	須	彌	山	王	於	意
있을 유	사람 인	몸 신	같을 여	기다릴 수	두루 미	뫼 산	임금 왕	어조사 어	뜻 의
月 6획	人 2획	身 7획	女 6획	頁 12획	弓 17획	山 3획	玉 4획	方 8획	心 13획

수보리(須菩提) 비여유인(譬如有人) 신여수미산왕(身如須彌山王)

"수보리야, 비유컨대 어떤 사람이 있어 그 사람의 몸이 '수미산왕만 하다' 라고 한다면"

수미산(須彌山) : 범어로 Sumeru. 불교의 우주관에 있어서 세계의 중앙에 솟아 있다는 산. 높이는 8만 유순(由旬)으로 꼭대기 궁전에는 제석천(帝釋天)이, 중턱에는 사천왕(四天王)이 산다. 이 주위에는 일곱 겹의 산이 있고, 그 바깥쪽의 동·남·서·북에 승신(勝身)·섬부(贍部)·우화(牛貨)·구로(俱盧)의 네 주(洲)가 있으며, 남섬부주가 사람들이 사는 세상에 해당한다고 한다.

云	何	是	身	爲	大	不	須	菩	提
이를 운	어찌 하	이 시	몸 신	할 위	큰 대	아닐 부	수염 수	보살 보	보리 리
二 4획	亻 7획	日 9획	身 7획	爪 12획	大 3획	一 4획	頁 12획	艹 12획	扌 12획

어의운하(於意云何) 시신(是身) 위대부(爲大不)
 "어떻게 생각하느냐? 그 몸이 '크다'라고 하겠느냐?"

言	甚	大	世	尊	何	以	故	佛	說
말씀 언	심할 심	큰 대	세상 세	높을 존	어찌 하	써 이	연고 고	부처님 불	말씀 설
言 7획	甘 9획	大 3획	一 5획	寸 12획	人 7획	人 5획	攵 9획	人 7획	言 14획

수보리언(須菩提言) 심대(甚大) 세존(世尊) 하이고(何以故) 불설비신(佛說非身) 시명대신(是名大身) 수보리가 대답하였습니다. "'대단히 크다'라고 하겠습니다, 세존이시여. 왜냐하면 부처님께서는 '참다운 진리적 몸이 아닌 몸'을 말씀하시므로, 이를 '큰 몸'이라 이름하신 것이기 때문입니다."

비신(非身)은 진리적 몸이 아닌 몸이기 때문에 '크다', '작다'라는 상대적인 비교가 가능하지만, 참진리적 몸인 법신(法身)은 한없이 깨끗한 우리 마음의 본래 모습으로서 광대무변하여 '크다', '작다'라는 상대적인 말로는 형용(形容)할 수 없는 절대청정(絕對淸淨)의 경지이다.

非	身	是	名	大	身	無	爲	福	勝
아닐 비	몸 신	이 시	이름 명	큰 대	몸 신	없을 무	할 위	복 복	이길 승
非 8획	身 7획	日 9획	口 6획	大 3획	身 7획	火 12획	爪 12획	示 14획	力 12획

무위복승분(無爲福勝分) 제십일(第十一)

무위(無爲)란 '함이 없다'라는 의미로 대상에 대한 분별심을 짓지 아니한 무심(無心)의 행동을 말한다. 즉, 무위복승이란 무위의 복(福)이 수승(殊勝)하다는 뜻이다. 재물의 보시(布施)도 중요하지만, 깨끗한 마음으로 하는 법의 보시는 형상이 없으므로 오히려 무너지거나 부서지지 않고 영원하다. 재물의 보시가 공덕(功德)이 되려면 무위의 마음이어야 한다.

分	第	十	一	須	菩	提	如	恒	河
나눌 분	차례 제	열 십	한 일	모름지기 수	보리수 보	보리 리	같을 여	항상 항	물 하
刀 4획	竹 11획	十 2획	一 1획	頁 12획	艹 12획	手 12획	女 6획	忄 9획	氵 8획
分	第	十	一	須	菩	提	如	恒	河
分	第	十	一	須	菩	提	如	恒	河
分	第	十	一	須	菩	提	如	恒	河

수보리(須菩提) 여항하중소유사수(如恒河中所有沙數)

"수보리야, 갠지스강에 있는 모래의 숫자만큼"

항하(恒河) : 범어로 Gaṅgā. 갠지스(Ganges) 강을 말함. 인더스(Indus) 강과 더불어 인도의 2대 강(江)이며, 히말라야 산맥에서 발원하여 동쪽으로 흘러 벵골만에 이르는 강으로서 길이가 2,460km나 된다. 이 강 유역은 수천 년간 인도 문명의 중심이 되었고, 불교와 다른 종교와 철학들도 이곳에서 발생하였는데, 지금도 인도 사람들은 이 강을 매우 신성(神聖)하게 여긴다. 항하는 부처님의 비유 가운데 자주 등장한다.

中	所	有	沙	數	如	是	沙	等	恒
가운데 중	바 소	있을 유	모래 사	셀 수	같을 여	이 시	모래 사	무리 등	항상 항
ㅣ 4획	戶 8획	月 6획	氵 7획	攵 15획	女 6획	日 9획	氵 7획	竹 12획	心 9획

여시사등항하(如是沙等恒河)

"수많은 갠지스강들이 있다면"

★ 等(등) : 무리 등, 가지런할 등, 같을 등, 비교할 등, 등급 등

河	於	意	云	何	是	諸	恒	河	沙
물 하	어조사 어	뜻 의	이를 운	어찌 하	이 시	모든 제	항상 항	물 하	모래 사
氵 8획	方 8획	心 13획	二 4획	人 7획	日 9획	言 16획	心 9획	氵 8획	氵 7획

어의운하(於意云何) 시제항하사(是諸恒河沙) 영위다부(寧爲多不)

"어떻게 생각하느냐? 이 모든 갠지스강들에 있어서 그 모래들의 숫자가 많지 않겠느냐?"

항하사(恒河沙) : 항사(恒沙)·항수사(恒水沙)라고도 하며, '항하의 모래'라는 뜻. 무수 무량의 대수(大數)를 나타내는 말. 수학적으로는 10^{96} 또는 10^{56}

寧	爲	多	不	須	菩	提	言	甚	多
어찌 녕	할 위	많을 다	아닐 부	잠깐 수	보리수 보	보리 리	말씀 언	심할 심	많을 다
宀 14획	爪 12획	夕 6획	一 4획	頁 12획	艹 12획	扌 12획	言 7획	甘 9획	夕 6획

수보리언(須菩提言) 심다(甚多) 세존(世尊)

수보리가 대답하였습니다.

"대단히 많겠습니다, 세존이시여."

世	尊	但	諸	恒	河	尚	多	無	數
인간 세	높을 존	다만 단	모든 제	항상 항	강물 하	오히려 상	많을 다	없을 무	셀 수
一 5획	寸 12획	亻 7획	言 16획	心 9획	氵 8획	小 8획	夕 6획	灬 12획	攵 15획
世	尊	但	諸	恒	河	尚	多	無	數
世	尊	但	諸	恒	河	尚	多	無	數
世	尊	但	諸	恒	河	尚	多	無	數

단제항하(但諸恒河) 상다무수(尚多無數) 하황기사(何況其沙)

"그 강들의 숫자만 하더라도 무수히 많을 텐데, 그 모든 강들에 있는 모래의 수이겠습니까?"

何	況	其	沙	須	菩	提	我	今	實
어찌 하	하물며 황	그 기	모래 사	수염 수	보리수 보	보리 리	나 아	이제 금	사실 실
亻 7획	氵 8획	八 8획	氵 7획	頁 12획	艹 12획	扌 12획	戈 7획	人 4획	宀 14획

수보리(須菩提) 아금(我今) 실언(實言) 고여(告汝)

  "수보리야, 내가 지금 진실로 말하노니"

言	告	汝	若	有	善	男	子	善	女
말씀 언	알릴 고	너 여	만약 약	있을 유	착할 선	사내 남	사람 자	착할 선	계집 녀
言 7획	口 7획	氵 6획	艹 9획	月 6획	口 12획	田 7획	子 3획	口 12획	女 3획

약유선남자선여인(若有善男子善女人)

"만약에 어떤 선남자 선여인 즉 착한 보살이 있어서"

人	以	七	寶	滿	爾	所	恒	河	沙
사람 인	써 이	일곱 칠	보배 보	찰 만	그 이	곳 소	항상 항	강물 하	모래 사
人 2획	人 5획	一 2획	宀 20획	氵 14획	爻 14획	戶 8획	心 9획	水 8획	水 7획

이칠보(以七寶) 만이소항하사수삼천대천세계(滿爾所恒河沙數三千大千世界)

"일곱 가지 종류의 보물, 즉 칠보를 그 무수한 강들의 모래 수만큼 많은 삼천대천세계에 가득히 채워서"

항하사수(恒河沙數) : 항사진수(恒沙塵數)라고도 함. 항하의 모래처럼 많은 수량.

數	三	千	大	千	世	界	以	用	布
셀 수	석 삼	일천 천	큰 대	일천 천	세상 세	지경 계	써 이	쓸 용	베풀 보
攵 15획	一 3획	十 3획	大 3획	十 3획	一 5획	田 9획	人 5획	用 5획	巾 5획

이용보시(以用布施) 득복다부(得福多不)

"보시한다면, 그 복덕이 많지 않겠느냐?"

施	得	福	多	不	須	菩	提	言	甚
베풀 시	얻을 득	복 복	많을 다	아닐 부	모름지기 수	보리수 보	보리 리	말씀 언	심할 심
方 9획	亻 11획	示 14획	夕 6획	一 4획	頁 12획	艹 12획	手 12획	言 7획	甘 9획

수보리언(須菩提言) 심다(甚多) 세존(世尊)

   수보리가 대답하였습니다.

   "대단히 많겠습니다, 세존이시여."

多	世	尊	佛	告	須	菩	提	若	善
많을 다	세상 세	높을 존	부처님 불	가르칠 고	잠깐 수	보살 보	보리 리	만약 약	착할 선
夕 6획	一 5획	寸 12획	人 7획	口 7획	頁 12획	++ 12획	手 12획	艸 9획	口 12획
多	世	尊	佛	告	須	菩	提	若	善
多	世	尊	佛	告	須	菩	提	若	善
多	世	尊	佛	告	須	菩	提	若	善

불고수보리(佛告須菩提) 약선남자선여인(若善男子善女人)

부처님께서 수보리에게 이르시었습니다.

"만약 어떤 선남자 선여인이"

男	子	善	女	人	於	此	經	中	乃
사내 남	사람 자	착할 선	계집 녀	사람 인	어조사 어	이 차	경서 경	가운데 중	이에 내
田 7획	子 3획	口 12획	女 3획	人 2획	方 8획	止 6획	糸 13획	ㅣ 4획	ノ 2획

어차경중(於此經中) 내지수지사구게등(乃至受持四句偈等)

"이 경의 전체 가운데서나 내지는 받아 지닌 네 구절의 게송 등을"

至	受	持	四	句	偈	等	爲	他	人
이를 지	받을 수	가질 지	넉 사	글귀 구	글귀 게	같을 등	위할 위	다를 타	사람 인
至 6획	又 8획	手 9획	口 5획	口 5획	人 11획	竹 12획	爪 12획	亻 5획	人 2획

위타인설(爲他人說) 이차복덕(而此福德) 승전복덕(勝前福德)

"다른 사람을 위해 설하여 주면, 이 복덕은 앞에서의 칠보를 보시한 복덕보다 훨씬 더 수승하리라."

説	而	此	福	德	勝	前	福	德	尊
말씀 설	말이을 이	이 차	복 복	큰 덕	나을 승	앞 전	복 복	덕 덕	높을 존
言 14획	而 6획	止 6획	示 14획	彳 15획	力 12획	刀 9획	示 14획	彳 15획	寸 12획

금강경은 세상을 바로 보게 하는 안목을 길러준다. 어떤 물질의 보시보다도 귀중한, 우리 마음을 광활한 대우주의 공간으로 이끌어 주는 힘을 금강경은 가지고 있다. 보시(布施)에는 재물(財物)보시, 무외(無畏)보시, 법(法)보시가 있다. 이 중에서 부처님의 가르침, 즉 법(法)을 보시하는 일은 다른 두 보시의 원동력이 된다. 세상은 그 아무것도 영원하지 않다. 몸도 영원하지 않고 권력, 명예도 영원하지 않다. 오직 부처님의 진리의 세계만이 그 영원을 약속할 뿐이다. 이 때문에 부처님께서는 삼천대천세계에 가득찬 진귀한 칠보로써 하는 보시보다도 금강경 한 구절이라도 남을 위하여 설명해주는 법(法)보시가 공덕(복덕)이 더 크다고 말씀하신다.

重	正	教	分	第	十	二	復	次	須
무거울 중	바를 정	가르칠 교	나눌 분	차례 제	열 십	두 이	다시 부	다음 차	잠깐 수
里 9획	止 5획	攵 11획	刀 4획	竹 11획	十 2획	二 2획	彳 12획	欠 6획	頁 12획
重	正	教	分	第	十	二	復	次	須
重	正	教	分	第	十	二	復	次	須
重	正	教	分	第	十	二	復	次	須

존중정교분(尊重正敎分) 제십이(第十二)

　바른 가르침은 존중된다는 뜻이다. 본문에서 언급되는 것처럼 대승경전 특히 금강경이 있는 곳은 삼보가 계신 곳이 되므로 존중된다는 의미이다.

菩	提	隨	說	是	經	乃	至	四	句
보리수 보	보리 리	따를 수	말씀 설	이 시	경서 경	이에 내	이를 지	넉 사	글귀 구
⺿ 12획	扌 12획	阜 16획	言 14획	日 9획	糸 13획	丿 2획	至 6획	囗 5획	口 5획

부차수보리(復次須菩提) 수설시경(隨說是經) 내지사구게등(乃至四句偈等)

"또한 수보리야, 어디서나 이 경 전체 내지는 네 구절의 게송 등을 설한다면"

偈	等	當	知	此	處	一	切	世	間
글귀 게	무리 등	마땅할 당	알 지	이 차	곳 처	한 일	모두 체	인간 세	사이 간
人 11획	竹 10획	田 13획	矢 8획	止 6획	虍 11획	一 1획	刀 4획	一 5획	門 12획

당지차처(當知此處) 일체세간천인아수라(一切世間天人阿修羅)

"마땅히 알아라. 이곳은 온 세계의 하늘사람·인간·아수라들이"

아수라(阿修羅) : 범어로 Asura. 육도(六道)의 하나. 인도에서 가장 오래된 신(神)의 하나로 싸우기를 좋아하는 귀신. 본래 선신(善神)이었으나 후에 제석천과 싸우는 귀신으로 육도 팔부중(八部衆)의 하나가 된 귀신.

육도(六道) : 중생이 선악의 업인(業因)에 따라 윤회하여 이르는 여섯 세계. 지옥도(地獄道)·아귀도(餓鬼道)·축생도(畜生道)·아수라도(阿修羅道)·인간도(人間道)·천상도(天上道).

天	人	阿	修	羅	皆	應	供	養	如
하늘 천	사람 인	언덕 아	닦을 수	벌릴 라	다 개	응할 응	받들 공	기를 양	같을 여
大 4획	人 2획	阝 8획	人 10획	罒 19획	白 9획	心 17획	亻 8획	食 15획	女 6획

개응공양(皆應供養) 여불탑묘(如佛塔廟)

"모두 응당 공양하기를 부처님의 탑에 공양하듯 할 것이어늘"

탑묘(塔廟) : 사리를 모시거나 대승경전을 모시는 예배의 대상이다. 부처님의 사리는 8국에 나누어져 탑에 봉안되었다. 부파불교(소승불교)가 막 한계점에 이르렀을 때 대승불교는 부처님이란 신앙의 구심점을 탑을 통해 형성해 갔다. 탑묘를 부처님 상이나 경전이 모셔진 절을 말하기도 한다.

佛	塔	廟	何	況	有	人	盡	能	受
부처님 불	탑 탑	사당 묘	어찌 하	하물며 황	있을 유	사람 인	다할 진	능할 능	받을 수
亻 7획	土 13획	广 15획	人 7획	氵 8획	月 6획	人 2획	皿 14획	肉 10획	又 8획

하황유인(何況有人) 진능수지독송(盡能受持讀誦)

"하물며 어떤 사람이 끝까지 경을 받아 지니며, 읽고 외우는 것에 있어서랴?"

독송(讀誦) : 소리를 내어 경(經)을 읽는 것을 말함.

持	讀	誦	須	菩	提	當	知	是	人
가질 지	읽을 독	욀 송	잠깐 수	보리수보	보리 리	마땅 당	알 지	이 시	사람 인
手 9획	言 22획	言 14획	頁 12획	⺿ 12획	手 12획	田 13획	矢 8획	日 9획	人 2획

수보리(須菩提) 당지(當知)

"수보리야, 마땅히 알아라."

成	就	最	上	第	一	希	有	之	法
이룰 성	이룰 취	가장 최	위 상	차례 제	한 일	드물 희	있을 유	갈 지	법 법
戈 7획	尢 12획	日 12획	一 3획	竹 11획	一 1획	巾 7획	月 6획	丿 4획	水 8획

시인(是人) 성취최상제일희유지법(成就最上第一希有之法)

"이 사람은 가장 높고 제일 가는 거룩한 법을 성취할 것이니"

若	是	經	典	所	在	之	處	卽	爲
같을 약	이 시	경서 경	책 전	바 소	있을 재	어조사 지	곳 처	곧 즉	될 위
艹 9획	日 9획	糸 13획	八 8획	戶 8획	土 6획	丿 4획	虍 11획	卩 9획	爪 12획

약시경전소재지처(若是經典所在之處) 즉위유불(卽爲有佛) 약존중제자(若尊重弟子)

"만약 이 경전이 있는 곳은 곧 부처님과 훌륭한 제자가 계신 곳이 되느니라."

有	佛	若	尊	重	弟	子	佛	法	僧
있을 유	부처님 불	및 약	높을 존	높일 중	아우 제	사람 자	부처님 불	법 법	승려 승
月 6획	亻 7획	艸 9획	寸 12획	里 9획	弓 7획	子 3획	人 7획	水 8획	人 14획

금강경 법문이 이루어지는 장소는 바로 불·법·승 삼보가 자리한 곳이라고 하였다. 금강경 한 게송만이라도 그렇지만, 전체를 다 공부하고 설하는 데는 말할 것도 없이 그 복덕이 무량한 것이다. 경을 읽는 자 스스로 승보(僧寶)요, 경전 자체는 스스로 법보(法寶)요, 그에 열린 마음이 우주광명과 하나되니 스스로 불보(佛寶)인 것이다.

이 경전이 있는 곳에 부처님이 계시고 존중할 만한 제자가 있는 것이 된다는 말씀은 우리에게는 희망이요, 용기를 준다. 금강경은 우리들의 영혼을 저 피안의 세계로 인도하는 아름다운 다이아몬드인 것이다.

도서출판 좋은인연은

부처님 말씀을 독자들에게 전하는 연결고리입니다.

좋은인연은 맑은 이야기를 전합니다.

無一 우학 스님

대한불교 조계종 영축총림 통도사에 출가하여 성파 대화상을 은사로 득도하였다. 대학에서 선학(禪學)을 전공하였으며 선방, 토굴, 강원, 무문관에서 참선 등 정통 수행을 체계적으로 닦아왔다. 성우 대율사로부터 비니(毘尼) 정맥을 이었다. 오래전부터 간화선을 한 단계 발전 시킨 선관쌍수로서 후학들을 지도하고 있다.

사경 및 공부시리즈(7)
금강경(상)

1996년 3월 12일   초판발행
2022년 6월 10일   개정초판 1쇄

편저자   無一 우학 스님
펴낸곳   도서출판 좋은인연(한국불교대학 부속출판사)
엮은곳   한국불교대학 교재편찬회
편집   김현미

출판등록 제4-88호
주소   대구광역시 남구 중앙대로 126
전화   053-475-3707, 6

ISBN   978-89-86829-10-5 (04220)
잘못된 책은 구입한 곳에서 바꿔드립니다.